粉丝
创造力

——粉丝的文本再生产与发布行为研究

王超然　严明君 ◎ 著

厦门大学出版社　国家一级出版社
XIAMEN UNIVERSITY PRESS　全国百佳图书出版单位

图书在版编目(CIP)数据

粉丝创造力：粉丝的文本再生产与发布行为研究 /
王超然，严明君著. -- 厦门：厦门大学出版社，2024.
8. -- ISBN 978-7-5615-9498-8

Ⅰ. G206.2

中国国家版本馆 CIP 数据核字第 20244F1B44 号

责任编辑 刘　璐

美术编辑 张雨秋

技术编辑 朱　楷

出版发行　厦门大学出版社

社　　址　厦门市软件园二期望海路 39 号

邮政编码　361008

总　　机　0592-2181111　0592-2181406(传真)

营销中心　0592-2184458　0592-2181365

网　　址　http://www.xmupress.com

邮　　箱　xmup@xmupress.com

印　　刷　厦门集大印刷有限公司

开本　720 mm×1 000 mm　1/16

印张　9.5

插页　2

字数　110 千字

版次　2024 年 8 月第 1 版

印次　2024 年 8 月第 1 次印刷

定价　49.00 元

厦门大学出版社
微信二维码

厦门大学出版社
微博二维码

自 序

当谈及粉丝文化中的文本再生产与发布行为时，我们如同置身于一个充满活力和创造力的领域。这个话题不仅蕴含着许多生动有趣的现象，而且超越了简单的文化消费，融合了个体创造性和集体互动性。这个领域的研究不仅能帮助我们更好地理解粉丝文化，还能为文化产品的创造、传播与营销提供新的视角。

在探讨粉丝的文本再生产与发布行为时，我们需要审视这种现象的本质：粉丝们如何将他们对作品的热爱转化为参与性的行动？他们是如何通过二次创作、评论、转载和社交媒体分享等方式将文本进行再创作和再传播的？这种再生产行为不仅是对原始内容的独特解读，更是一种独特的参与方式。通过重新诠释和创造，粉丝们为文化产品赋予了新的维度和意义。这种行为不仅加强了粉丝群体之间的联系，也为原始内容的推广和持续影响提供了平台。它不仅仅是一种娱乐形式，更成为一种社交和文化交流的方式。它促进了社群的形成与发展，同时也在某种程度上塑造了特定文化产品的发展方向。

本书源自笔者学生时代的研究。当年限于主客观条件的制约，还留有不少的遗憾。然而笔者对粉丝文化和同人作品的关注与兴趣，却一直没有减少。鉴于此，笔者结合当下的背景环境，重新收集资料、开展访谈，对原作有所不及之处进行完善，在原有的基础上历时数月增添了 4 万余字，虽仍难言完美，但也算完成了一桩心愿。希望本书能够帮助书前的你更好地了解粉丝文化，若忝能为未来研究提供一点点启发亦足矣！

王超然

2024 年 1 月于厦门

前　言

在当前国内新媒介技术不断发展与普及、IP与泛娱乐产业盛行以及互联网文化中成长的一代成为活跃的消费人群等背景下,粉丝文本再生产现象日渐普遍化和常态化。这种青年亚文化的消费方式和表达方式得以走向主流视野,既反映了粉丝群体在文本生产上的创造力和影响力,也从侧面显示出国内媒介文化产品制作方、营销者已开始关注并尝试对这股力量进行培育与运用。

基于时代热点和学术背景,本书从粉丝视角出发,以粉丝文化研究理论和观景/表演的受众研究范式为理论依据,主要采用深度访谈法,辅以对受访者社交平台文本的分析,对粉丝的文本再生产与发布行为进行探索性研究。书中较为详细地呈现了粉丝生产者在参与文本再生产之前、之中、之后各阶段的行为与特征,发现处于媒介景观中的粉丝集观展者和表演者于一身,他们在内外因的驱动下参与再生产,以跨文本、跨媒介的手法创造出具有个体特色的内容,并策略化地选择发布平台与方式,完成个体在媒介景观中的表演。同时,为了更加全面、直观地呈现当前粉丝文本再生产的实际生态,本书还结合了参与式观察法、案例研究法等,具体从一个 IP 圈、一类展会的角度切入，为读者介绍制作方和粉丝之间的典型互动案例，以及粉丝进行文本再生产、实体化、发布的实际过程。

针对国内已有研究在角度和对象选择方面的局限，本书将关注点放在粉丝文本背后的生产者行为上。通过借鉴前人研究成果和对访谈资料的分析，从多样化的粉丝群体中，提取其在文本再生产和传播行为中的共性，为基于中国土壤的新媒体粉丝文化与粉丝行为研究提供一些新的解读视角和现实依据。在实践与应用方面，希望能为国内媒介产品的生产者或营销者在消费者洞察及文化产品制作、推广和运营领域提供参考或启发。

目 录

第一章 绪论

第一节 研究背景

媒介技术移动化、智能化和便捷化的发展趋势,使互联网文化的渗透力和影响力不断加强,日渐改变着民众的消费方式与审美习惯。近年来,国内 IP[①] 产业与泛娱乐产业[②]的盛行,粉丝消费催生的"粉丝经济"影响力显著,过去被边缘化和污名化的粉丝群体形象有了很大改变。与此同时,在互联网文化浸润下长大的青少年,逐渐成长为活跃的消费人群,他们熟练掌握新媒介技术,追求消费的趣味与个性,进一步推动着消费文化和粉丝文化的多样化发展。

参与式文化是新媒体粉丝文化的一个重要体现。粉丝将媒介文化产品内容以自己的方式进行解读和再创作,形成文字、图像、音频、视频等粉

---

① IP(intellectual property)原意为"知识产权",目前在国内的传媒娱乐产业语境中指原创的、具有开发潜力和商业价值的知识财产。IP 开发的最经典的例子要数美国"漫威"系列漫画与其衍生的影视作品、周边产品等。

② 根据艾瑞咨询的定义,泛娱乐市场由文学、影视、游戏、动漫、音乐、演出、衍生品等多元文化娱乐产业共同组成。IP 作为泛娱乐生态链的串联者,促进各参与产业的融合共生,通过改编衍生,泛娱乐 IP 能够产生持续性价值。

丝文本后发布到媒体平台上,这种行为如今已在国内各大网络社区随处可见。目前,越来越多的粉丝加入文本再生产的行列,粉丝创作的主题、手段和传播方式也更加丰富多元。粉丝文本在网络平台上的影响力,甚至改变了某个明星或某一媒介文化产品的发展轨迹。比如,2016 年日本手机游戏 Fate/Grand Order(《命运-冠位指定》)的国内运营商之所以选择演员陈坤作为代言人,是因为 2012 年陈坤在社交平台上表示自己正在观看该系列动画后,其照片被粉丝用电脑软件合成为剧中多位角色的形象,并在社交平台上获得了大量的转发与认可,对该动画作品和演员本身都起到了正面有效的宣传效果。①

与此同时,媒介文化产品的生产者和营销者为吸引观众注意力、维持粉丝消费热情、延长产品生命线,也需要营造更多可供消费的文本。尤其是在 IP 产业火热的背景下,漫长的作品开发与延伸周期,要求原 IP 必须拥有不间断的曝光量与人气值。而粉丝主动、免费、大量且质量甚至不输官方的内容再生产和传播行为,正好满足了媒介产品生产方和营销者的需求与目的。艾瑞咨询机构发布的《2016 年中国粉丝追星及生活方式白皮书》显示,现阶段国内的粉丝文化主要由粉丝的内容制作与分享行为以及社交与活动构成,是促进粉丝经济发展的直接动力。② 因此,粉丝的文本创造力也正在被营销者发现和重视,在逐渐开发与应用中发展成为一种有效的营销策略。

---

① 击穿次元墙? B 站的做法是让横跨二次元和三次元的男神陈坤做代言人[EB/OL].(2016-09-22).https://www.sohu.com/a/114828721_114837.

② 2016 年中国粉丝追星及生活方式白皮书[EB/OL].https://report.iresearch.cn/report_pdf.aspx? id=2576.

第二节　研究综述

一、国内外粉丝研究概况

1.粉丝的概念

"粉丝"一词是汉语对英语"fans"的直接音译,原为复数形式,指爱好者群体。译为汉语后,在语境使用中的指代数量已经模糊,既可指代个体,也可指代整体,或称为"迷""爱好者"。"粉丝"一词在国内的出现和使用,源于 2005 年湖南电视台的选秀节目《超级女声》,2012 年第六版《现代汉语词典》收录了该词语,如今已成为家喻户晓的常用词。

"迷"在国内外历史中早已存在,如戏迷就是最早的粉丝形式。从使用的范畴上看,维基百科中对粉丝的定义是"狂热的爱好者或支持者,尤其是与娱乐活动或体育活动相关"[①]。詹金斯认为粉丝是狂热地介入球类、商业或娱乐活动,迷恋、仰慕或崇拜影视歌星或运动明星的人。[②] 粉丝的类型可以粉丝喜爱的对象来划分,如电影粉丝、小说粉丝、明星粉丝、球队粉丝等。而在大众文化研究中,这些不同类型的粉丝常常被归结为媒介迷(fans)。而目前,媒介迷研究成为受众研究的主流取向。

从涉入度上看,费斯克认为"迷"相对于普通大众的差别在于程度。

---

① Wikipedia. Fan [EB/OL].https://en.wikipedia.org/wiki/Fan.
② 詹金斯.文本盗猎者:电视粉丝与参与式文化[M].北京:北京大学出版社,2016.

大众文化迷是一种过度的读者（excessive reader），他们对文本的投入是主动的、热烈的、狂热的、参与式的着迷行为，这与对文本保持距离的、欣赏性的和批判性的传统高雅文化欣赏态度正好相对。[1] 艾伯克龙比和朗赫斯特根据涉入度对媒介文化消费者进行了多层次连续性的划分，包括普通消费者（consumer）、粉丝（fan）、信徒（cultist）、狂热者（enthusiast）、小型生产者（petty producer）。[2] 在目前的中文网络流行语境下，这种粉丝类型划分或许可用"路人粉""真爱粉""铁粉"等词语来形容。

随着 2010 年前后博客和微博的出现，"粉丝"一词在国内的含义已有所变化。"粉丝"一词开始被用于指代社交平台上用户的关注者（follower）。同时，类似品牌粉丝、电子产品粉丝的出现，也拓宽了粉丝的使用范畴。

本书中的粉丝范围主要与费斯克和詹金斯研究中指代的群体相同，即大众媒介文化产品或明星的爱好者。与草根性质的粉丝相对的，是拥有法律产权的媒介文化产品生产者（producer），俗称"制作方""官方"，在本书的研究范围里，官方生产的媒介文化产品主要包括小说、漫画、歌曲、电视剧、电影、综艺节目、动画、游戏等。

2.粉丝文化研究的发展脉络

(1)学术视野中的粉丝身份变化

学术视野中的粉丝身份经历了从消极受众到积极受众、从消费者到"产（生产者）消（消费者）一体"、从污名化到合理化的转变。粉丝文化研

---

[1] 约翰·费斯克.理解大众文化[M].北京：中央编译出版社，2001：173-174.

[2] N Abercrombie, B Longhurst. Audiences: a Sociological Theory of Performance and Imagination [M]. London: Sage, 1998:144.

究可溯源于西方的消费理论。最早关于消费和消费者的认知多是负面的，并且聚焦的重点在于生产者的强大性，并没有提到消费者的个人意识。法兰克福学派以大众文化批判的视角，认为消费是资产阶级创造的"虚假需要"，即阿多诺和霍克海默认为的"文化工业"。"文化工业"控制着工业阶级的自我意识，让他们成为被大众文化麻醉的群氓。另一种研究视角认为，消费在某些角度上代表着一种社会区分，如凡勃仑的"炫耀式消费"展示了休闲消费是某一阶层对权力和地位的追求①，鲍德里亚提出的消费的本质即追求商品的符号象征意义②，以及布尔迪厄提出的文化资本和社会区隔理论③，等等。

20世纪70年代后文化研究发生的葛兰西转向，让文化研究从狭隘的阶级视角和简单二元对立视角中解放出来，消费的形象也开始发生质的改变。消费者并不再是被批判的只懂消费的盲目大众，他们是有自我意识的积极受众。在解读方式上，斯图亚特·霍尔提出的编码与解码理论包含主导、协商和反抗三种模式④，体现了作为受众的消费者如何对生产者的编码进行多样化的解码。霍尔的理论有力地驳斥了传统的消极受众理论，为受众视角的粉丝文化研究的出现提供了契机。在前人消费与文化研究理论的基础上，米歇尔·德塞都提出了"消费即生产"的观点⑤。

---

① 凡勃仑.有闲阶级论：关于制度的经济研究[M].李华夏，译.北京：中央编译出版社，2012.
② 让·鲍德里亚.消费社会[M].刘成富，全志钢，译.南京：南京大学出版社，2014.
③ 皮埃尔·布尔迪厄.区分：判断力的社会批判[M].刘晖，译.北京：商务印书馆，2015.
④ Hall S. Encoding and Decoding in the Television Discourse[M]. Birmingham：University of Birmingham，1973.
⑤ Michel de Certeau. The Practice of Everyday Life[M].Berkeley：University of California Press，1984.

该观点认为,传统意义上的符号消费和日常消费行为,也都是另一种意义上的生产行为,消费者通过使用商品的方式来显示自己,运用这些已有的符号生产出自己的意义。

国内学界对粉丝文化研究的关注,始于 2005 年湖南卫视《超级女声》节目引发的强烈社会反响。粉丝文化与粉丝群体由于该节目开始正式走向主流媒体视野。然而,粉丝最初在大众媒介上呈现的形象,更多的是以一种疯狂、怪异的"他者"为主,尤其是早些年发生的"杨丽娟事件"极大地影响了大众对粉丝的认识。因此,国内关于粉丝的研究在早期的一段时间里,除了简单的现象介绍和行为解读外,更主要集中于依靠西方文化研究中的积极受众理论,对粉丝群体形象进行正名。罗小萍是国内最早对粉丝群体和文化进行研究的学者之一,她以费斯克的受众理论分析"超女"现象,认为该节目的出现激发了受众的创造力,并在文中引用了众多社会名人对该节目和粉丝的正面评价。[1] 张嫱从对李宇春粉丝群体"玉米"的研究中发现,粉丝在追星的过程中利用技术手段获得自我身份的建立和认同以及人际关系的拓展,具有积极意义。[2]

(2)国内外粉丝研究的阶段

国外学者 D.凯勒和 C.V.德尔那[3]概括了《粉丝圈:在媒介世界的身份和社区》[4]一书中的粉丝研究文章集合,认为欧美的粉丝研究自 1980 年

---

[1] 罗小萍.费斯克理论与《超级女声》[J].当代传播(汉文版),2006(3):20-22.

[2] 张嫱.迷研究理论初探[J].国际新闻界,2007(5):43-46.

[3] Kellner D, Deraa C V. Fandom: Identities and Communities in a Mediated World [J]. Contemporary Sociology,2008,37(6):559-560.

[4] Gray, Jonathan Alan, Cornel Sandvoss, C. Lee Harrington. Fandom: Identities and Communities in a Mediated World [M]. New York: NYU Press,2007.

开始经历了三个浪潮：第一个浪潮是德塞都提到的粉丝游击战术与费斯克强调的受众抵抗式阅读和意义构建，即对粉丝身份和地位的正名。第二个浪潮则回应了 20 世纪 90 年代新媒体的扩散和新形式的粉丝文化，互联网促成了大量粉丝圈和粉丝社区的出现。这波研究以布迪厄的理论为基础，认为不同粉丝圈的区别即为社会学意义上的不同阶级的品位区分，粉丝个体通过参与粉丝圈建立个体的身份认同。第三个浪潮正在形成之中，并朝着多样化的趋势发展，包含将粉丝研究纳入生活化研究视角、面对外延不断扩张引发的粉丝概念再定义，以及数字媒体发展下，粉丝的文本再生产和传播行为形成的新粉丝文化。

国内的粉丝研究起步较晚，近十年内才开始形成，受欧美粉丝研究的影响较深。除了对粉丝形象正名外，由于粉丝研究属于一个较新的领域，早期的研究也注重于对欧美粉丝理论的翻译引进与述评，经典文献的引入为之后的本土研究提供诸多思路。其中陶东风主编的《粉丝文化读本》[①]汇集了各流派学者在心理、身份以及社群角度的经典粉丝研究，拓宽了国内粉丝文化研究者们的视野。

目前国内粉丝研究的视角主要有以下五类：一是媒体与粉丝文化，尤其是互联网和新媒体对粉丝文化的影响，包括粉丝的媒介使用选择、在媒介使用中的身份认同、粉丝与媒介生产者的互动、网络粉丝社群权力关系、社群内容传播、粉丝的媒介形象等；二是根据亚文化视角，将我国当下的粉丝文化置于青年亚文化、女性主义、草根文化等理论框架中探讨；三

---

① 陶东风.粉丝文化读本[M].北京:北京大学出版社，2009.

是关于粉丝文本的研究，这将在下一节进行详细介绍；四是从具体某个粉丝群体、某种粉丝行为或某个粉丝平台入手所开展的综合研究，上文提到的关于"超女"粉丝群体的研究；五是粉丝与商业营销的研究，比如，粉丝的物质商品消费模式、粉丝消费力①带来的粉丝经济价值等，以及 IP 发展和社交网络环境下的粉丝经济运营策略②③。值得一提的是，由于粉丝含义的变化，国内自 2012 年后很多标题含有"粉丝"的研究，更多的是对普通社交媒体用户的研究，这和传统意义上的粉丝研究偏向有所不同。

二、粉丝再生产与粉丝文本

1.粉丝的生产力与参与式文化

米歇尔·德塞都将消费者积极参与文本生产形成的文化，定义为积极挪用文本、以不同的目的重读文本，并把消费媒介作品的经历转化为一种丰富复杂的参与式文化。④ 同时，德塞都也将大众消费符号产品的方式总结为"盗猎"，将消费者称为是一种不断流动的"游牧民"。这一论述描绘了受众不受限制，利用各类文本符号，依据个人的需求转化进行自我表达的符号消费过程。

约翰·费斯克提出了生产力是粉丝行为的特殊性之一，包括符号生

---

① 张嫱.粉丝力量大[M].北京：中国人民大学出版社，2010.
② 蔡骐.粉丝经济分析：社会化网络时代的粉丝经济模式[J].中国青年研究，2015(11)：8.
③ 陈守湖.IP 出版的考察：流行文化、粉丝经济与媒介融合[J].出版发行研究，2016(4)：19-22.
④ Michel de Certeau. The Practice of Everyday Life[M].Berkeley：University of California Press，1984.

产力、生命生产力和文本生产力。费斯克的理论沿袭了部分德塞都的观点，认为大众依赖既有的文化产品进行自我解读和创造，而粉丝相对于大众，能够把个体生产的符号进一步在所处圈层中传播，形成拥有独特生产和传播模式的粉丝文化。①

1980年，未来学家阿尔文·托夫勒首次提出了"prosumer"（生产消费者）一词，即集消费者（consumer）和生产者（producer）为一体的、为了自己使用或者自我满足而不是为了销售或者交换而创造产品、服务或者经验的人。② 粉丝作为积极受众参与文本生产，也符合托夫勒所指生产消费者的身份。

此后技术的发展极大提升了粉丝的生产力。詹金斯从《星球大战》粉丝的电影制作行为分析中发现，当前的媒介技术发展使消费者能够对媒介内容进行存档（archiving）、解读（annotation）、挪用（appropriation）与再流通（recirculation），这种媒介环境催生了粉丝参与式文化的进一步繁荣。③

2.粉丝文本

（1）粉丝文本的定义

a.粉丝文本与同人作品

当前媒介环境下，粉丝文本可以认为是粉丝生产力在媒介载体上的呈现。本书讨论的粉丝文本，即为粉丝投入时间与精力，围绕喜爱对象再

---

① 陶东风.粉丝文化读本[M].北京：北京大学出版社，2009.
② 托夫勒.第三次浪潮[M].黄明坚，译.北京：中信出版社，2006.
③ Jenkins H. Quentin Tarantino's Star Wars? Digital Cinema，Media Convergence，and Participatory Culture ［M］//Thorburn，David，Henry Jenkins. Rethinking Media Change：The Aesthetics of Transition. Cambridge：MIT Press，2004:281-312.

生产的二次文本,也包括在二次文本基础上创作的三次甚至更多次文本,创作对象包括小说、漫画、动画、游戏、影视、历史乃至现实中的人或物,形式不局限于文字,还有图片、音频、视频和实体物件等。

欧美粉丝研究中将粉丝再生产的作品冠以"fan"的前缀,如粉丝小说(fan fiction)、粉丝音乐(fan music)、粉丝电影(fan films)等,而日本将粉丝创作的二次文本称为"同人",如同人文、同人图、同人音乐等。关于粉丝二次生产行为所形成的作品,国内研究中的称法不一。有些学者延续欧美粉丝研究的特色,使用"粉丝文本"指代。有些学者使用的是"同人作品"一词,但"同人"一词的原意,不管是在日本还是中国近代,和当前普遍使用的含义有所不同。同人创作原指非商业性的创作行为,纯原创和二次创作都属于同人领域。此外,"同人"也有"同好、志同道合"之意。但在国内,不少人仅将"同人"限定于二次创作作品,或误读为动漫领域甚至同性恋相关的作品,这与原意有所背离。

因此,本书仍旧选择"粉丝文本"来指代各领域粉丝的所有二次生产作品,在某些固定句式中才直接使用"同人"一词指代二次创作。

b.粉丝文本与用户生成内容

用户生成内容(user generated content,UGC),泛指以任何形式在网络上发表的、由用户生产的文字、图片、音频、视频等内容,是自 Web 2.0 时代起产生的一种新兴的网络信息资源创作与组织模式。它的主要发布平台包括 SNS(Social Networking Services)以及视频分享网站、维基、在线问答等社会化媒体。[1]

在网络诞生之前,粉丝可以通过口头传播或者纸质媒体进行文本生产和交流。如今,由于网络的便利性,粉丝用户更愿意通过互联网上传自己的作品,但仍存在不少仅能通过线下渠道的生产和交流形式。因此,上传到网络上的粉丝文本均可以认为是 UGC 的一种,但并不是所有的粉丝文本都是 UGC。

(2)国内粉丝文本的相关研究

国内粉丝文本再生产行为的产生,最早受到日本动漫文化中的同人创作文化影响,此后才逐渐扩展到其他媒介文化产品领域。早期的动漫爱好者影响力有限,反倒是"超女"现象出现后,粉丝文本受到更多的人关注,因此,早期的研究案例选取围绕演员、歌手或者影视剧作品的情况居多。

国内关于粉丝文本的研究,与创作对象的影响力和媒介发展的路径相关。目前有相当数量的研究侧重于对粉丝文本内容的解读,使用文本盗猎理论或叙事分析理论,研究粉丝文本叙事方式或表现手法,如曾文莉对电影《阿凡达》粉丝小说表现形式的研究[2]、朱文毓对李宇春粉丝创办的《LEE》周刊文本叙事的研究[3]等。而耽美同人文[4]作为粉丝小说的一个重要类型,其在人物刻画和内容表现上的特征也得到了众多学者的关注。

---

[1] 赵宇翔,范哲,朱庆华.用户生成内容(UGC)概念解析及研究进展[J].中国图书馆学报,2012,53(5):68-81.

[2] 曾文莉.从文本消费到文本生产——浅析《阿凡达》中国粉丝的文本生产类型[J].北京电影学院学报,2010(3):40-43.

[3] 朱文毓.粉丝叙事的特质与语境——以《LEE周刊》为例[D].苏州:苏州大学,2014.

[4] 郑丹丹,吴迪.耽美现象背后的女性诉求——对耽美作品及同人女的考察[J].浙江学刊,2009(6):214-219.

在从传播学角度展开的研究中,有部分着眼于粉丝文本的传播形式与路径。尤静芳在对动画同人作品的研究中发现,动画同人作品的传播具有"循环性"特征,即生产者也是受传者和传播者,三种身份之间可以自由切换。[①] 在理论或范式选择上,抵抗与收编[②]、观景和表演[③④]等范式更多地被用于粉丝文本生产行为或对内容的解读,而使用与满足[⑤⑥]则更多偏向于粉丝的媒介产品消费行为。

在研究对象上,国内学者在研究案例中选择的媒介文化产品主题类别多样,包括真人明星[⑦⑧],小说[⑨⑩],电视剧[⑪],动画[⑫],电影[⑬],综艺节目[⑭],甚至

① 尤静芳.动画同人创作的传播研究[D].苏州:苏州大学,2012.
② 祖俊.生产性消费:粉丝群体对"科幻文化"的再生产[D].合肥:安徽大学,2016.
③ 陈彧.从"看"到"炫"——粉丝再生性文本中的自我展演与认同建构[J].现代传播(中国传媒大学学报),2013,35(11):155-156.
④ 柯焱."观看与表演":跨文化视野下中国大陆英剧迷研究——以豆瓣小组和百度贴吧成员为例[D].上海:复旦大学,2014.
⑤ 王雅.真人秀与互联网时代的粉丝——超级女声粉丝心理与行为研究[D].北京:北京大学,2007.
⑥ 陈庆婷.媒介环境下中国粉丝文化的变迁及其演变规律研究(1978年—今)[D].兰州:兰州大学,2015.
⑦ Yang L. All for Love: the Corn Fandom, Prosumers, and the Chinese Way of Creating a Superstar[J].International Journal of Cultural Studies,2009(12):527-543.
⑧ 朱文毓.粉丝叙事的特质与语境——以《LEE周刊》为例[D].苏州:苏州大学,2014.
⑨ 祖俊.生产性消费:粉丝群体对"科幻文化"的再生产[D].合肥:安徽大学,2016.
⑩ 刘昕怡.亚文化视野下的《盗墓笔记》同人传播研究[D].合肥:安徽大学,2016.
⑪ 黄瑛.网络粉丝社区的文本生产行为探析——以"来自星星的你吧"为例[J].新闻世界,2014(9):137-138.
⑫ 尤静芳.动画同人创作的传播研究[D].苏州:苏州大学,2012.
⑬ 曾文莉.从文本消费到文本生产——浅析《阿凡达》中国粉丝的文本生产类型[J].北京电影学院学报,2010(3):40-43.
⑭ 戴松,颜瑾.电视节目粉丝的文本生产及其价值——以《爸爸去哪儿》为例[J].传媒观察,2016(1):35-37.

传统文学名著①以及品牌②等。这类研究以某个明星或媒介文化产品为中心,依托相关粉丝社区内的文本(主要是百度贴吧、新浪微博、豆瓣或者专门性的主题论坛)为分析材料进行研究。可能由于研究难度所致,绝大多数粉丝文本的研究对象仅为文字内容,以小说占多数,而对承载于图像、音频、视频、游戏等新媒介形式上的粉丝文本研究较少,只有陈彧③在关于百度贴吧粉丝文本的研究中,对图像表现形式进行了关注。

三、文献总结

欧美成熟的媒介技术和大众文化产业领先中国多年,植根于文化研究和大众传播理论的欧美粉丝研究也已有三四十年之久。而国内关于粉丝文本的研究近十年才开始出现和增多,且更多的是从网络平台上既已呈现的粉丝文本出发进行资料收集和分析,对粉丝文本形成前的再生产过程和传播选择过程关注度较少。

同时,当前技术水平和粉丝消费生产特点已有很大变化,粉丝文本的形式不单只有文字,内容也往往不只涉及一部作品。正如詹金斯所言,读者们还是一种"游猎者",并非固定地"在这里或者那里",他们并

① 秦宇慧.当代"《红楼梦》同人小说"初探[J].沈阳大学学报(自然科学版),2007,19(1):99-103.

② 林铁,费勇.粉丝经济、快感生产与游牧民——小米手机走红现象的文化解读[J].吉首大学学报(社会科学版),2013,34(6):98-102.

③ 陈彧.粉丝文本生产的三种路径——基于对百度贴吧的考察[J].河南大学学报(哲学社会科学版),2014,54(4):119-125.

不受永久性私有制的限制,而是不断移动向另一种文本,利用新的原材料制造新的意义,[①]仅从某部作品的粉丝群体展开文本再生产研究具有很大的局限性。此外,以往的研究主要把粉丝文本生产和同人创作行为看作封闭的小圈子行为,与外界没有太多联系,圈内自娱自乐性强,这与当今境况已有不符之处。

美国粉丝和媒介文化领域的学者亨利·詹金斯在 2016 年的中译本《文本盗猎者》序言[②]中,提出了几个中国读者在粉丝文化研究方面需要关注和思考的问题,包括中国粉丝在关注到以他们为目标受众的媒介文本时都出现了怎样的新活动、中国的制作方或营销者将如何适应国内影响力日益增加的粉丝等,这些都为国内粉丝文本的相关研究提供了思路。

第三节　研究设计

一、研究问题、研究目的与意义

基于上文所述的现实背景和研究背景,本书将研究主题确定为粉丝的文本再生产与传播行为研究,旨在解决以下三个具体问题:影响粉丝参与文本再生产的因素有哪些?粉丝如何进行文本再生产?粉丝如何发布

---

① 詹金斯.文本盗猎者:电视粉丝与参与式文化[M].北京:北京大学出版社,2016:34-35.
② 詹金斯.文本盗猎者:电视粉丝与参与式文化[M].北京:北京大学出版社,2016:13.

和传播他们生产的作品？

在理论意义方面，针对上述文献总结中提到的，本书根据国内已有研究在选择研究对象和资料获取平台方面的局限，在借鉴前人研究成果的基础上，将关注点放在粉丝文本背后的粉丝生产者行为上，结合深度访谈收集到的实证资料，试着从多样化的粉丝群体中，提取他们在生产和传播行为中的共性，为基于中国土壤的新媒体粉丝文化与粉丝行为研究提供一些新的解读视角和现实依据。

把握粉丝的消费行为与偏好，发掘粉丝文本的应用价值，是与粉丝合作并赢得粉丝经济的基础，因此在实践与应用意义方面，本书希望能够为国内媒介文化产品生产者或品牌营销者在消费者调查及产品制作、推广和运营领域提供参考或启发。

二、研究方法

在对现实生活与网络平台的粉丝进行初步观察后，笔者发现粉丝的文本再生产行为多样且复杂，难以从量的角度将网上呈现的各类粉丝文本与其背后的粉丝生产者拥有的多种动机、行为进行匹配。而定性的深度访谈法，则能够近距离地直接了解粉丝文本再生产中细致的行为与动机。

因此，在研究资料的获取上，本书主要采用深度访谈法，通过线上和线下两种渠道，共获取了21名受访者提供的信息。这些受访者至少有一年以上的粉丝文本再生产经历，创作对象覆盖国内外的影视、综艺节目、歌曲、小说、动画、漫画、游戏，创作形式包括小说、手绘、图像合成、翻唱、视频剪辑、舞蹈、角色扮演、手工制作等。同时，他们本身也是粉丝消费者，他们喜爱阅读、观看、欣赏、体验其他粉丝生产者的内容。

为了保证研究的信效度，本书在对受访者的访谈记录分析中，也参考了他们在线上各平台发布的文本内容进行对照解读。访谈对象还选取了部分已经将二次创作从业余爱好转变为工作的粉丝，他们在访谈中提供的不少业界情况，也在一定程度上弥补了作者作为非业界从业人员的视角盲点。

此外，为了更加全面、直观地呈现当前粉丝文本再生产的实际生态，本书还结合了参与式观察法、案例研究法等，从具体一个 IP 圈、一类展会的角度切入，为读者介绍制作方和粉丝之间的典型互动案例，以及粉丝进行文本再生产、实体化、发布的实际过程。

三、理论基础

根据现今媒介环境和粉丝受众的特点，本书主要以詹金斯的粉丝文化和媒介研究理论，以及艾伯克龙比与朗赫斯特的受众研究观点作为研究的理论依据。

1.詹金斯的粉丝文化研究理论和媒介研究理论

（1）文本盗猎者（textual poacher）

"文本盗猎者"是詹金斯对德塞都和费斯克相关理论的整理与发展。该理论诞生于互联网产生之前，解释了与媒介文化产品共生的粉丝再生产行为。粉丝们并不只爱好单一文本或单一类型的产品,他们集合形成媒体粉丝圈文化(media fandom)。

这种文化的特质包括:①某种特定的接受形式,即粉丝在接受中创造意义,包含分享、表达和争论;②包含了一系列批评和解读实践,即熟读、发掘和批判式研究原文本;③粉丝圈为消费者的社会活动打下基础,即粉丝间联结和对官方施加影响;④粉丝圈拥有自己文化生产的特定形式、审美传统和实践;⑤粉丝圈可以充当另类的社会群体,即一种乌托邦式的社会空间。①

(2)参与式文化(participatory culture)

詹金斯认为,当前的媒介技术发展使消费者能够对媒介内容进行存档(archiving)、解读(annotation)、挪用(appropriation)和再流通(recirculation)。粉丝的参与式文化是诞生在这种媒介环境下的一种新的消费主义。在这种消费主义下,消费者最重要的需求就是参与到媒介故事(media narratives)的创作(creation)和分发(distribution)之中。② 网络技术提供的媒介渠道能够将草根作品进行展示和流通,这极大地提升了他们自我表现和创意表现的热情。参与式文化有三种发展趋势:一是上文所说的技术赋权于消费者;二是一系列亚文化促进了多样化的DIY媒介生产;三是媒介文化产品跨媒介流动的发展趋势呼唤着能动性粉丝的出

---

① 詹金斯.文本盗猎者:电视粉丝与参与式文化[M].北京:北京大学出版社,2016:34-35.

② Jenkins H. Quentin Tarantino's Star Wars? Digital Cinema, Media Convergence, and Participatory Culture [M]//Thorburn, David, Henry Jenkins. Rethinking Media Change: The Aesthetics of Transition. Cambridge: MIT Press, 2004:281-312.

现与增加。① 此外,参与式文化还对粉丝提出了较高的媒介素养要求。

(3)融合文化(convergence culture)

融合文化理论基于 21 世纪初的媒介融合背景产生,具有参与式文化、集体智慧和跨媒介叙事三个典型特征。其中跨媒介叙事(transmedia storytelling)是指媒介产品生产方围绕同一个主题推出的具有故事延续性的多媒介形式文化产品,且每一种媒介对阐明整个故事都有其特殊的贡献。"虽然不同媒体平台对于核心叙事的表现手法不尽相同,但它们营造的协同娱乐体验能极大地促进消费者的参与性。"②这和当前流行的 IP 开发本质上是一致的。

2.艾伯克龙比与朗赫斯特的受众研究理论与范式

(1)受众分类

艾伯克龙比与朗赫斯特将受众分为三类,即简单型受众(the simple audience)、大众型受众(the mass audience)和扩散型受众(the diffused audience)。简单型受众在公开场景下直接面对表演者并接受信息;大众型受众通过大众传播媒介,在私人场景间接接受现场信息;而扩散型受众在日常生活的各个领域直接或间接地被媒介形象包裹和影响,他们既是观景者也是表演者;三种类型的受众同时存在。③④

---

① Jenkins H. Fans, Bloggers, and Gamers: Exploring Participatory Culture [M]. New York:NYU Press, 2006.

② 王蕾.亨利·詹金斯及其融合文化理论分析[J].东南传播,2012(9):12.

③ N Abercrombie, B Longhurst. Audiences: a Sociological Theory of Performance and Imagination [M]. London: Sage,1998:44.

④ 殷乐.媒介融合环境下欧美受众研究的范式转换[J].新闻与传播研究,2010(6):70-78.

（2）观展/表演范式（spectacle/performance paradigm）

艾伯克龙比与朗赫斯特将受众研究范式分为三类：受众范式、收编/抵抗范式和观展/表演范式。其中，受众范式的代表是效果研究或使用与满足研究，针对受众个体收到的媒介讯息刺激，关注随之产生的宣传、使用、影响、效果等；收编/抵抗方式的代表是编码和解码以及莫利的相关研究，针对被社会分类过的受众，从文本上分析意识形态的收编和抵抗。

艾伯克龙比与朗赫斯特认为，在当前媒介环境的变化下，传统的收编/抵抗范式已无法解释更多的受众行为。因此在他们提出的观展/表演新范式中，扩散型受众由社会建构和重构，特别是由观展行为和自恋心理产生。受众接触的是日常生活中的媒介景观（mediascape），范式关注的是他们在其中形成和重组的认同。图 1.1 呈现的循环模式解释了该范式的四个重要环节：媒介渗透—日常生活—表演—观展/自恋。

关于该范式的可行性和适用性，目前已有不少学者以定性的人种志研究①或定量分析方法②③，对各类 SNS 平台上的用户进行了验证，发现该范式的确在某些程度上比使用与满足和收编/抵抗范式更能解释当前受众的新媒体使用特征。

---

① Macek J. More Than a Desire for Text [J]. Convergence：The International Journal of Research into New Media Technologies，2013，19（3）：295-302.

② Hsu C W. Staging on the Internet：Research on Online Photo Album Users in Taiwan with the Spectacle/Performance Paradigm [J]. Cyber psychology & Behavior，2007，10（4）：596-600.

③ Gülnar B，Şükrü Balcı，Çakır V. Motivations of Facebook，YouTube and Similar Web Sites Users [J]. Bilig-Turk DunyasI Sosyal Bilimler Dergisi，2010，54（54）：161-184.

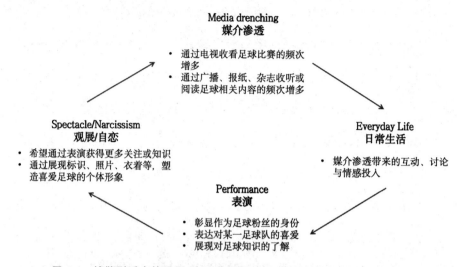

Media drenching
媒介渗透

- 通过电视收看足球比赛的频次增多
- 通过广播、报纸、杂志收听或阅读足球相关内容的频次增多

Spectacle/Narcissism
观展/自恋

- 希望通过表演获得更多关注或知识
- 通过展现标识、照片、衣着等，塑造喜爱足球的个体形象

Everyday Life
日常生活

- 媒介渗透带来的互动、讨论与情感投入

Performance
表演

- 彰显作为足球粉丝的身份
- 表达对某一足球队的喜爱
- 展现对足球知识的了解

图 1.1 扩散型受众的观展/表演范式循环图（原文以当代足球比赛为例）

（图片来源：N Abercrombie，B Longhurst. Audiences：a Sociological Theory of Performance and Imagination [M]. London：Sage，1998：178.）

第二章　国内粉丝文本应用现状

第一节　粉丝文本新趋势

一、粉丝文本走向大众视野

粉丝群体进入国内大众视野的伊始，是以一种异化的"他者"形象为普通受众所知。早期粉丝文本的代表为粉丝小说，流通范围大多局限于私人或者特定的粉丝圈平台，私密性和隐蔽性较高。这一是由于"粉丝"的身份和行为在当时属于边缘文化，难以被主流文化和价值观所认可，撰写粉丝小说的行为算是一种隐蔽的爱好；二是某些粉丝小说的内容涉及同性恋或者性爱描写尺度较大，难以在开放的平台上讨论或传播。[①] 例

[①] 涉及同性情爱的文本在腐文化流行的今日，在同人圈内已经很普遍且有较高的接受度，作者可以自由公开这类创作，但大尺度的性爱描写在现在的网络平台上仍旧不适宜传播。然而，非少数受众接受且期待看到这样的文本，也会公开地在网络上表达希望同人创作者多加入此类内容，有时会用独特的暗号形式、截图、网盘链接避开网络审查来传达信息。

如,2008 年出版的《同人的世界》①一书,作者在书中的研究举例公开引用了某些耽美粉丝小说作者的网络 ID 和文本内容,引发了小说作者和粉丝创作圈内人士的抗议。

对新一代互联网文化尤其是 Web2.0 文化下成长的人群来说,他们自身就拥有各种粉丝的身份,粉丝群体怪异的"他者"形象已弱化,粉丝文化不过是最常见的大众文化之一。随着时间推移,当这群人进入主流社会、成为大众文化主要的消费人群并有能力为自己发声时,粉丝经济也开始得到认可与盛行。粉丝被承认并鼓励去创造更多的内容,本来边缘化、"不上台面"的粉丝文本,已能够正当地在日常生活或社交平台里交流和讨论,甚至融入主流大众媒体的传播之中。比如,粉丝制作的各类动画、漫画、游戏、影视剧、体育赛事相关表情包,当下已成为网络日常交流和互动的常用表达形式,普遍见于即时通信软件、社交平台或者网络媒体文章中,而一些电视节目也常采用粉丝制作的视频为自己的节目增色。

二、粉丝与官方：平等与合作将是主流

粉丝文本存在的合理性一直备受争议。詹金斯认为,当前媒介产业发展的问题在于媒介消费者想成为媒介生产者,而媒介生产者则想维持他们在媒介内容上的传统主导地位。②

---

① 王铮.同人的世界：对一种网络小众文化的研究[M].北京：新华出版社,2008.
② 陶东风.粉丝文化读本[M].北京：北京大学出版社,2009.

粉丝挪用、拼贴文本并进行各类自我解读,可能包含对原文含义的扭曲,以及对原作者本义的误读。比如,在一般的影视剧里,同性的异性恋角色之间的友谊被粉丝重新解读和创作为耽美文学,还对演员本人产生了一定的困扰。

部分粉丝根据原文本人物或剧情设定创造了新文本后,未经许可就进行出版和售卖营利,这对原作方来说也可判定为侵权行为。一个典型的例子是金庸起诉江南事件,该案也被称为国内"同人作品第一案":2015年,金庸发现中国内地出版发行的小说《此间的少年》中描写人物的名称均来源于其作品《射雕英雄传》《天龙八部》《笑傲江湖》《神雕侠侣》,且人物间的相互关系、人物的性格特征及故事情节与其作品存在实质性相似。金庸认为该小说作者江南的行为侵犯了其著作权,并对江南和两家相关出版公司进行了起诉。该案件于2023年终审,金庸一方胜诉。

即便如此,制作方、原作方也无法全面阻止万千受众的自我解读和二次创作行为。从粉丝的视角看,他们信奉每一个受众都拥有自我解读、评价和创造经典的权利。[①] 因此,在各类制作方明令禁止粉丝文本的早期时代里,粉丝以私下传播的方式进行"游击战",和官方之间的关系更多的是对抗。然而,如今的文化作品同时也是文化产品,在市场化的背景下,文化产品市场的走向是买方更占据上风,作品能够吸引消费者的关注已经很难,更不用说消费者愿意花时间参与作品相关的讨论和创作,多个现实案例也证实了粉丝参与带来的种种结果利大于弊。比如,E.谢夫瑞在

---

① 詹金斯.文本盗猎者:电视粉丝与参与式文化[M].北京:北京大学出版社,2016:34-35.

对网络和媒介文化一体性的研究中所举的例子：由于《指环王》和《星球大战》的导演和制作方在对待粉丝参与方面态度的迥异，直接导致了两位导演在此后职业生涯发展的不同结局[①]，因此，粉丝的力量在当前已不可忽视。

那么，媒介产品的制作方、原作方应该如何重新审视与粉丝创作之间的关系？如果制作方承认并授权粉丝的二次创作行为，粉丝进行二次创作不以营利为目的，两者能够达成协商与合作的关系，是否可以朝更好的方向发展？詹金斯提到，过去的民间故事、神话传说、民谣得以流传和长久不衰，原因在于这些文本是通过不同的人重述或扩充逐渐形成的，原来的故事在多次重述和扩充中获得了很多新的含义。而媒介生产者对内容产权的把控，则对内容的扩充和流通具有毁灭性的影响。因此，当今时代媒体制作方和粉丝相互需要。制作方与营销者如若能提供一个空间，让粉丝得以为喜爱的对象做出创造性贡献并被认可，就能赢得粉丝更多的信任与拥戴，从而增进粉丝忠诚度，获得他们在更多合理事项方面的顺从，也就可能在协商中化解更多的矛盾。

第二节　粉丝文本的价值：双方共赢

粉丝文本的价值性体现在粉丝和官方的互惠共赢上：一方面，粉丝参

[①] Elana Shefrin. Lord of the Rings, Star Wars, and Participatory Fandom：Mapping New Congruencies Between the Internet and Media Entertainment Culture ［J］. Critical Studies in Media Communication，2004，21(3):261-281.

与文本再生产满足了个人的消费需求和创作欲望,在创作过程中,个人创作能力得到了锻炼,优秀作品得到关注和认可带来了情感满足,如果成功商业化也能够带来物质上的回报;另一方面,对媒介产品生产者来说,粉丝文本在商业上的可利用价值包括增加可消费文本、维持粉丝黏性和扩大作品影响力,从而获得更的商业收益。

一、粉丝文本丰富了原文本, 有利于维持粉丝黏性

粉丝的文本再生产行为和作品内容扩充延伸了原文本,丰富了原有的体系和内容,增强了原作的吸引力,有利于维持粉丝对原作品的黏性。

其一,粉丝把时间投入对喜爱对象的文本再生产,无形中加长了消费该产品的时间,为了完成作品,粉丝会多次重读原文本并时刻关注原作的各种新动向。比如,本书访谈中的多位受访者都表示,为了创作更好的作品,常常多次翻看原作进行研究。

其二,其他粉丝创作的作品,能为个体原有的消费框架带来新的内容与体验,保持个体对作品的兴趣。画手"伊吹五月"①是网络游戏《剑侠情缘网络版叁》(简称《剑网 3》)的粉丝,她以创作了众多与该作品相关的同人插画而闻名于圈内外。2016 年,她在《剑网 3》的剧情背景架构上创作了新漫画《山河人间》,漫画里诞生了许多原作中没有的新角色、新剧情,却又能和原作的基调风格保持一致,吸引了众多《剑网 3》玩家的关注与

---

① "伊吹五月"(伊吹鸡腿子)个人微博网址 http://weibo.com/ibukisatsuki。

喜爱,可以说是成功的粉丝衍生作品。本访谈中的受访者"蚊子"称,自己早期曾经玩过手游《阴阳师》,后来失去兴趣不玩了,但在阅读了其他粉丝写的相关角色的小说后,重拾了对该游戏的兴趣。

粉丝创造的这些跨媒介文本,与当前盛行的跨媒介IP产品开发模式不谋而合——小说翻拍为动画或影视剧、电视剧改编为小说、虚拟人物开发为实体周边等,为媒介产品制作方的改编与开发提供了有价值的参考和帮助。2014年,"五色石南叶""Ken-zong""慕寒""smile_小千"等同人歌手根据海晏小说《琅琊榜》的剧情,创作了一首歌曲《赤血长殷》,将原本纯文字的剧情,用音乐旋律与配音对白进行立体化演绎。在2016年《琅琊榜》被正式翻拍为电视剧后,该歌曲成为剧中插曲,形成了由原作诞生粉丝文本,再以粉丝文本影响原作开发的新模式,类似的例子还有很多很多。

二、粉丝文本有利于媒介文化产品的宣传推广

相对于将广告营销费用花在各类专门的平台、渠道上,吸引、引导粉丝主动且免费的文本再生产与分享,性价比也许会更高。制作方或营销者如能借助粉丝的文本再产生和传播,影响粉丝所处圈子中的其他同类受众,在对目标用户的宣传投放上就能更为精准,吸引更多新的消费者参与该文化产品的消费和创作。比如,上文提到的《剑网3》,该游戏从2009年运营至今仍能吸引众多新玩家,与其大量、随处可见的粉丝衍生作品有密切关系。许多玩家表示,在看了《剑网3》的同人创作后,开始对原作产

生兴趣并消费，也同样在消费后投入相关创作活动之中。

借助粉丝对偶像的喜爱，媒介文化产品的生产方和其他合作方也能从中获益。粉丝除了热衷于对偶像本身形象进行的二次创作外，还会积极参与偶像出演的影视剧、代言品牌的创作和宣传。例如，2016 年，国内音乐组合"TFBOYS"成员王源出演了电影《爵迹》，电影制作方在微博上举办了该影片角色 Q 版形象设计征集活动，吸引了众多王源粉丝的热情参与。此外，许多明星代言的品牌广告视频，也常被粉丝作为视频剪辑的素材使用和传播，间接提高了广告和代言产品的曝光度。

第三章 文本再生产之前：渗透于 日常生活的媒介产品消费

第一节 接触与决策：观展与参照群体的影响

媒介文化产品的消费者如何接触某一对象、产生兴趣并成为粉丝，与其日常媒介接触习惯有关。在观展/表演范式中，艾伯克龙比和朗赫斯特借用人类学家阿帕度拉的"媒介景象观"来形容当代无处不在的媒介：扩散型受众被包裹在弥漫的媒介景象里，即使没有直接接触媒介，也不可避免地接触到媒介相关的内容，"每个人在生活中都直接或间接成为媒介受众"①，无时无刻不在进行着"观展"。

传统的电视、广播、报纸、杂志、书籍，新兴的网络媒体、移动互联网以及 LED、广告牌等户外媒体等，都是消费者接触各类媒介文化产品信息的途径。不仅如此，人与人之间的口头传播，也是影响个人知晓并开始

---

① 殷乐. 媒介融合环境下欧美受众研究的范式转换[J]. 新闻与传播研究，2010(6):72.

关注某一文化产品的渠道。在媒介渠道极为丰富的当下,笔者认为,消费者开始接触与了解一部未知的媒介文化产品,主要有直接和间接两种形式。

直接接触指的是消费者直接阅读、观看媒介产品制作方(即所谓"官方""原作")生产的文化产品内容。吃饭时打开电视机观看热播的电视剧、开车时打开广播频道收听节目、翻看杂志里连载的漫画或小说、观看视频网站刚更新的电影……许多消费者对文化产品的直接接触主要建立在习惯性的媒介消费的基础上,如购买有线电视节目服务、订阅某杂志、充值视频网站会员等对某媒介平台、渠道的固定消费。"电视机里播什么就看什么"是许多人日常消费文化产品的真实写照。

制作方在发布文化产品之际,还会通过丰富的广告、营销手段在各类大众传播媒介上对产品进行推广。消费者观看了制作方发布的宣传内容,从而对文化产品产生兴趣并开始消费,也可认为是直接接触的一种。

间接接触指的是消费者通过他人的评论、推荐,或二次创作的粉丝文本间接了解原作品。不少受访者在访谈中提到,最初接触自己现在着迷的作品,是因为看到网上关注的朋友、"大大"①或者拥有共同爱好的网友发布了相关内容后才产生印象和兴趣。

> 我在微博上看见喜欢的画手画了一幅画,是一个和尚和一个女子,穿着唐朝的衣服,我就很好奇画背后的故事是什么……看评论才

---

① 大大:在粉丝圈内一般将拥有高水平创作能力、拥有很多情报资源或有声望的人称作"大大""太太""巨巨""菊苣"等,以表达对创作者的尊敬。

知道这个东西叫《剑网3》，就产生了很深的印象，加上后来看见舍友也在玩这个游戏，我就去下载开始玩了。（受访者"团猫"）

参照群体是个体在形成其购买或消费决策时，用以作为参照、比较的个人或群体。在访谈中，笔者也发现对媒介文化产品的粉丝来说，拥有共同爱好或者品位接近的亲朋好友，或者网络上关注的同粉丝圈意见领袖的口碑，是影响他们文化产品消费决策的最主要来源。

我入坑①是因为微博、贴吧、LOFTER②上"大大"的安利③，比如，最近玩的《阴阳师》《刀剑乱舞》，看他们发了图觉得还不错就去试试。（受访者"塔塔"）

第二节　主动搜索：高涉入度的受众

在当前的媒介生态环境下，兴趣被激发的消费者普遍会通过搜索引擎、社交媒体搜索功能等互联网渠道进一步了解相关信息。一部作品的主创人员、剧情、传播形式、粉丝圈文化是否合自己的胃口，或者明星的特

① 入坑：指着迷、投入于某件事。
② LOFTER：网易公司于2011年推出的轻博客平台，目前已成为很多粉丝阅读和分享粉丝文本的主要平台之一。
③ 安利：指把自己认为好的东西热情推荐给别人，词意源于美国直销品牌"安利"的营销形式。

质是否符合自己的审美，以及个人以往的消费经验、更多人对作品的评价，都是消费者衡量是否进一步阅读或观看的决策依据。

消费者在确认某一对象值得消费并投入后，将根据消费体验决定是否成为粉丝。一旦转变为粉丝身份，消费者就会渐渐开始不满足于原有内容，并萌发出进一步深入消费更多文本和寻找同好交流的渴望，于是粉丝会再次进行搜索。

在访谈中，不少受访者提到，他们搜索信息的方式，一种是加入各个专门社区如论坛、百度贴吧、豆瓣小组等获取信息；另一种是在平时常用的综合性社交平台搜索，如在微博、微信、小红书、哔哩哔哩等平台上搜索关键词、话题。一些粉丝会关注一些"大V"或者关注者多的综合型账号，即 KOL①、KOC②，再从这些账号转发的内容里继续层层关注其他博主账号，让粉丝圈信息包围和融入自己熟悉的媒介环境。还有一些粉丝会在搜索过程中加入其他粉丝创建的即时通信软件群组，如微信群、QQ 群等，与其他粉丝加深交流与互动，从而更深入、及时地获取更多喜爱的文化产品的相关信息、资源。

第三节　粉丝对粉丝文本的消费

在消费完制作方生产的所有文本后，部分迷恋程度深的粉丝并不

---

① KOL：即关键意见领袖（key opinion leader）。
② KOC：即关键意见消费者（key opinion consumer）。

满足,还会继续搜索下去,于是其他粉丝再生产的文本便成为可供继续消费的内容。许多粉丝将阅读、欣赏粉丝文本的行为称为"吃粮""吃饭",意指其他粉丝创作出了符合自己口味的内容,满足了自己的精神需求。

自从玩《阴阳师》之后就开始看同人了,会关注官方相关的微博号,官微有时候会推送,也会转发画手微博,然后(我)就一个(接连)一个关注,越关注越多,还有看那种民间开的但是功能类似官方的(内容汇总类)微博。(受访者"蚊子")

我觉得最萌的是画画同人圈,因为会有很多"糖"和新的CP①,你就会每天不停地去翻同人漫画,比如,最近的《阴阳师》我特别喜欢"博狗(源博雅和大天狗)"这一对,我每天下班回去就会翻"太太们"有没有新的画,看到了后就会觉得好甜,幸福到爆炸。(受访者"小黄鸡")

同人也是二次元很重要的一部分,同人就是大家表达不同的理解(的载体)。我会觉得创作内容的人很厉害,(尤其是)还画得那么好的话。(看了他们的同人作品)心里会想:"哦!原来还有这样的角度!"原来他们对原作还有这样的理解,我看了原作,不一定能想到有

---

① CP:英文 couple 的缩写,指角色配对。

这一层意思,大概是这样。我觉得(同人作品)也是一种人与人之间的连接、交流。(受访者"小朱")

粉丝对粉丝文本的消费习惯和特点,从消费载体、形式、成本方面可以做进一步分类。

从消费载体来看,主要分为无实物和实物两种类型。无实物类粉丝文本指的是在网络平台上发布的文章、插画、音乐、视频等;实物类粉丝文本包括印制的明信片、拍立得,成册的"同人本"如文集、画集、图文合集等,刻录的 CD,还有钥匙扣、徽章、立牌、毛绒娃娃等各式各样的周边制品。

从消费形式来看,可以分为非介入式消费和介入式消费。非介入式消费指的是粉丝不影响粉丝生产者的创作过程,直接消费粉丝生产者发布的内容;介入式消费即粉丝介入了粉丝生产者的创作过程,例如,通过评论区、私信发表建议,从而影响粉丝生产者创作小说、绘制插画的构思方向,或者直接找其他拥有创作技能的粉丝定制自己想要的粉丝文本内容,即"约稿"。

从消费成本来看,可以分为免费和付费两种类型。目前大部分发布在网络平台上的粉丝文本都是免费的,粉丝直接通过综合性的网络平台或者专门性的二次创作平台即可搜索到并阅读、观看。付费类型则更多集中在实物制品方面,如相关同人本、周边的制作,以及表演往往需要一定的金钱成本,粉丝如想观看内容、收藏纪念,不可避免地需要付费;向其他粉丝约稿也需要根据创作难度支付相应的创作报酬。此外,一些线上平台也提供了"打赏"功能,粉丝可以对喜爱的作品进行付费支持,以鼓励粉丝生产者的进一步创作。

当官方、其他粉丝再生产的内容仍旧没有满足自己的消费需求,或者自身有着强烈的创作欲望时,粉丝可能就会进入下一阶段:自己动手再生产文本。这也是本书将重点围绕展开叙述的内容。

第四章 粉丝投身文本再生产: 内外因的共同驱动

第一节 内在因素:个体心理动机

粉丝参与文本再生产的心理动机多种多样,出发点主要是对原文本的喜爱。我们可以从两个角度解读粉丝参与文本再生产的行为:一方面粉丝创造文本供自己消费,本质上有"使用与满足"的特性包含其中;另一方面,粉丝通过文本的再生产与发布进行表演,完成自我身份的想象与认同,这与第六章将提到的粉丝文本的发布和流通密切相关。

在访谈资料和观察中我们发现,粉丝参与文本再生产主要有以下几种具体的心理动机,并且同一粉丝生产者可能同时拥有多种动机。

一、情感或观点的释放与表达

这类动机比较普遍,也是多数粉丝从消费者转变为生产者的原因之一。作品优秀的世界观，剧情带来的触动、共感或思考，演员在粉丝眼中接近完美的外表或有感染力的演技，都可能激发粉丝因爱而生的创作欲望。

> 通过翻唱想获得跟歌词境界相符的感受，也是因为歌词跟自己心情很像才会去翻唱那首歌。（受访者"雪辉"）

> 东方（即作品《东方 Project》的简称）比较特殊，它的世界观本身就像是为二次创作而生的，虽然（作品里）有很多人物，但是对表达没有任何限制，所以（我）会很想画出来。在创作过程中，我个人很喜欢融合其他作品的"梗"和制造温馨桥段这两个玩法，这样除了觉得爽之外，还能直接地体会到同人创作的承载力非常强。（受访者"鱼子"）

> 同人作品的内容、人物或世界观设定来自原作，首先就要能满足同人女本身因原作某些要素产生的各种情感，其次要能比较直观地推介原作。从同人创作本身到具体同人成果，都是服务于同人创作者的情感需要，原作激发的一些灵感，以及由此带来的表达欲和想要呈现的激情。（受访者"白熊"）

当然，该动机下的行为也包含表达喜爱之外的出发点：粉丝认为制作方在作品剧情开展、选角、拍摄表现等方面不符合原有的期待和水平，所以想借助自己的创作表达不认同的情绪。这一类型的行为与"受众抵抗"观点的解释类似。比如,受访者"木木"称,自己参加《阴阳师》皮肤设计大赛的初衷不是因为奖品的吸引或者接到官方约稿,而是觉得"狗子(大天狗)这个角色的皮肤太丑,想画个好一点的"。

二、呈现与满足幻想

正如上文提到的,当已有内容无法满足自己的消费需求时,粉丝会进行从无到有的幻想和创造。

一些粉丝觉得官方的某些剧情没有得到具体的解释、完善,"我创作的话会去揣摩很久人物的心路历程,根据他们的心态和个性去脑补他们之后可能的剧情展开,设想一些场景"(受访者"团猫");一些粉丝觉得两个喜爱的角色之间应该有更多的可能性和发展,或者觉得角色非常登对但最终没有成为情侣甚至没有任何交集时,会在头脑中幻想并借助媒介表达出来,也就是粉丝圈常说的"嗑CP""拉郎":

> 看到喜欢的人在一起的感觉很好,很开心。(受访者"初初")

> 我很喜欢"创造故事、创造另一条世界线和创造另一个世界"这样的行为,说得简单点就是爱嗑、爱看、爱写。我喜欢一些很冷门的配对,但通常没有人创作,所以自己写着玩,这种情况也是有的。(受访者"佐伯光")

一些粉丝生产者会将自己代入某个角色中,或者直接在原有剧情里植入自己的形象开展创作,构思自己与作品人物互动的内容。这类粉丝文本多见于一些恋爱模拟类游戏玩家,如美少女游戏、乙女游戏,游戏内容主要以第一视角的形式与游戏角色谈恋爱。这类主题的粉丝文本也被称为"梦男""梦女"①文章。

三、寻求自我与他者认同

一方面,粉丝希望他人认同自己的爱好,通过作品创作和分享,让喜爱的作品、角色、偶像更为大众所知,吸引周围的朋友一起加入粉丝阵营,即粉丝圈内流行的"传教"或者"卖安利"。受访者"小炎"说他和朋友一起成立网络电台,最初的想法就是"想把有意思的东西分享给大家"。

另一方面,粉丝希望用作品展现自己的才能,在粉丝圈内打造个人形象,从而获得自我认可和他人认同,比如,作品得到其他粉丝或明星本人的称赞、参加比赛得到名次产生的成就感。

> 之前我做过手机壁纸,就希望很多人来用我做的(壁纸)。(受访者"黄咩咩")

粉丝生产者寻求他者认同的动机里还包含社交需求。部分粉丝通过

---

① "梦男""梦女"这类用词源于日语"梦女子"(ゆめじょし),指的是一些粉丝幻想自己和喜欢的偶像、人物、二次元角色等恋爱。

创作这一行为,拓宽了其在粉丝圈内的社交范围,获得了与其他粉丝的交流契机。同时,创作出优秀的作品还能够赢得影响力和话语权,即展现个人的文化资本,提高在粉丝圈内的地位。①

> 其实我一开始去参加线下活动的时候是没有做这些应援物的,后来开始做的理由主要有这么几个:一个就是想和别人互相交换,因为一直拿别人的也不太好意思;另一个做应援物也可以表示自己对爱豆(idol)的支持。在做一些比较有趣的应援物的时候感觉也很有趣,做一些别人没有做过的,或者选一些比较好看的图的时候,就感觉这个过程挺有趣的。(受访者"星星")

当然,该动机也包含一些所谓的"跟风"行为,如某作品在一段时间内极为盛行,为迎合圈内审美,粉丝生产者跟着热度创作可以博得更多人在社交平台上的关注。

四、粉丝圈示范效应的吸引

看到其他粉丝创作的优秀作品后产生的憧憬,比如,高超的画技、唱功或者视频剪辑水平,会激发个体效仿参与的冲动。受访者"小黄鸡"表示:"看到那些厉害的'巨巨'出的COS,自己也想出。"受访者"木木"也说

---

① 吴斯.从福柯视角看网络同人传播中的权力生产[J].新闻界,2013(17):36-40.

道："很多朋友都在创作同人，主要是表达对平时看过的一些作品的感想。交流还是很有影响的，比如，看到别人的创作觉得很有趣，就会想着原来可以这样，自己也会想创作有意思的故事或者画面出来。这（让我）很有动力。"

在国内演员刘诗诗的粉丝圈中，有一位网名叫"堇色暮年"的粉丝创作了不少点击率很高的、以刘诗诗为女主的"伪视频"，即把刘诗诗参演过的各种电视剧画面剪辑出来，根据一些未翻拍过的人气小说剧情，重新组合成一个全新的故事。国内著名论坛"天涯社区"①上曾有网友特地开帖子讨论这些作品，并表达了想学视频剪辑和创作作品的愿望，而本书访谈的对象之一"初初"也是因此加入了粉丝视频创作的队伍。

五、利他性：责任感和义务②

这类动机主要体现在资源收集、分享或者字幕翻译等粉丝行为中，尤其是一些喜欢国外媒介文化产品的粉丝，由于收看渠道和语言上的障碍，通常需要懂得拷贝存档技术和外语的粉丝提供资源。因此，部分拥有相关能力的粉丝参与文本再生产的直接动力，就是服务更多同好，同时还可以在翻译中精进自己对原文本的了解、锻炼语言能力。国内学者邓惟佳

---

① "天涯社区"于2023年5月正宣布网站暂时停止访问，至本书完稿的2024年2月仍未恢复。

② 赵宇翔,朱庆华.Web 2.0环境下影响用户生成内容的主要动因研究[J].中国图书馆学报,2009,35(5):107-116.

对中国互联网上的美剧字幕组[①]、国外学者 Hye-Kyung Lee 对日本动画英文字幕组[②]的相关研究结果也验证了该动机的存在。

还有一部分粉丝,因为自己喜爱的领域关注的人不多(俗称"冷门圈"),便赋予了自己撑起圈子热度的责任,希望通过长期、持续的创作保持圈子的活跃度,同时满足喜爱这个领域的其他粉丝的精神需求。

六、直接利益的驱动

粉丝可能因直接利益的吸引而参与文本再生产,如比赛奖品、他人约稿等带来的物质利益。受访者"蚊子"提到自己参加《阴阳师》手游官方举办的配音大赛,就是为了获得奖项赠送的游戏道具。

在当前的互联网发展趋势下,随着越来越多的平台采取流量激励计划,平台用户发布的内容一旦获得高阅读量、点赞量、转发量等,满足不同门槛即可获得阶梯式奖励,包含现金、礼品或者广告主合作机会等,这也是不少粉丝愿意持续创作并精进内容的原因之一。

此外,也有粉丝表示,创作作品是为了获得更多与偶像交流的机会:"对于不会日语的我来说,签名会上拿我的作品当礼物可以获得她们(偶像)的更多对话和笑颜。"(受访者"Sekai")这也是一种非物质的直接利益驱动。

---

① 邓惟佳.能动的"迷":媒介使用中的身份认同建构[D].上海:复旦大学,2009.
② Lee H K. Participatory Media Fandom: A Case Study of Anime Fansubbing[J]. Media, Culture & Society,2011,33(8):1131-1147.

第二节　外在因素:现实条件的影响和制约

粉丝的文本再生产还受到外在因素即现实条件的影响和制约,具体体现在个体创作能力、时间与物质条件以及所处地域等方面,此外还有周边朋友、粉丝圈创作氛围的带动。

一、个体创作能力

拥有生产能力与技术是粉丝文本再生产的基础。在内因的驱动下,粉丝开始尝试创作。有一些粉丝虽有强烈的创作动机,但苦于没有能力表现出想要的效果而作罢。在观察和访谈中,笔者发现,当前多样化的粉丝文本创作环境要求粉丝生产者必须掌握对应的一个或多个创作能力,具体见表 4.1。

表 4.1　粉丝文本再生产能力与表现形式

能力	表现形式
文字表达或翻译能力	小说、影评、填词、字幕、博客翻译
美术创作能力	绘图、电脑合成图
演唱或作曲能力	歌曲翻唱、原创歌曲、重编曲等
朗诵或配音能力	广播剧
拍摄、剪辑或软件操作能力	粉丝影片的制作如 MTV、MMD[a]、MAD[b] 等
表演或化妆能力	COSPLAY[c]、舞蹈、舞台剧等

续表

能力	表现形式
手工制作能力	实体周边制作,如物件、手工制品,包括常见的橡皮章、布偶、服装道具等
综合能力	多媒体视频、COSPLAY表演剧、游戏制作等

a.MMD(Miku Miku Dance):指日本粉丝开发的将"初音未来"等角色制作成3D模组的免费软件,简单来说,就是能将虚拟动画角色呈现为3D形式并能够随着歌曲节奏边唱边舞,目前网络上也把用这一软件制作的视频称为MMD,创作对象不再限于"初音未来"。

b.MAD:源自日本,在国内多指将动画的画面素材或者静态的图片和音乐剪辑在一起的视频,相对于更加重视音乐的MV,MAD更偏向于画面的表现。

c.COSPLAY(costume play):即粉丝利用化妆、服装、道具扮演成自己喜爱的角色。

二、时间、物质条件与所处地域

时间与物质条件既是决定粉丝是否参与再生产的要素,也是决定粉丝文本再生产水平的关键。

时间是粉丝进行文本再生产的必要投入。作品产量和空闲时间的多少有关,空余时间多的学生群体更喜欢投入二次创作中,是粉丝文本的主要生产力。不同表现形式花费的时间也有所差异,画图、剪视频、摄影、制作游戏花费的时间一般来说比纯文字要多。

设备、金钱、创作资源的多少,以及创作方式的参与门槛,也是影响粉丝决定是否投入文本再生产的要素。比如,参与不同的COSPLAY活动需要购买不同的假发、服装、道具、化妆品等,单单完成一个角色就至少需要花费几百元人民币,如果要达到更精良的效果,可能还需要花钱请专业团队摄影和制作后期。而写文章、画图相对而言花钱较少、工具易得,门槛较低,因而使用这类创作形式的人最多,也更容易吸引普通粉丝的参与。

粉丝居住城市周边的线下活动数量也影响着粉丝对再生产的参与。居住在活动丰富、交通便利的大城市的粉丝,有机会参与更多的演唱会或漫展,从而获得更多喜爱对象的信息和资源进行创作。比如,受访者"黄咩咩"提到,在她和其他粉丝共同建立的"凯源"[①]资讯站里,有成员居住在长沙,能够拍摄到更多明星的现场照片,而居住在小城市的她只能等别人传输照片过来后进行创作。居住在深圳的受访者"Sekai"也提到,广州、深圳、香港等地演出活动多,自己每参加一次演唱会,就会制作新的作品,演唱会数量影响着作品产量。

三、创作氛围:他人的影响与带动

粉丝参与文本再生产还会受到周边创作氛围的带动,如朋友、其他粉丝或社团的影响。受访者"鱼子""西瓜"表示,自己最早真正参与同人图的创作,是因为大学时期参与的社团里创作氛围浓厚。而受访者"小黄鸡"也提到,她创作某些 COSPLAY 作品的契机是朋友合作需求的直接推动,"比如,桐乃[②]啊这些别的角色,可能是因为我很好的朋友想出黑猫[③],他就会问我要不要一起搭个 CP 出个桐乃,我去补番[④]后发现这个角

---

① 凯源:指国内歌手组合 TFBOYS 成员王俊凯和王源两人名字的缩写。
② 桐乃:日本动画《我的妹妹哪有这么可爱!》里的角色。
③ 黑猫:同上一条。
④ 补番:指补习之前没看过的动画作品。

色的确挺萌,就会决定一起出这个作品"。还有一类是为了参加展会或纪念、庆祝某个重要节日而形成的合作项目,如同人合志、主题画集等,部分粉丝生产者会自发牵头邀请其他粉丝生产者围绕一个主题开展联合创作,作品完成后收录在同一本册子中进行流通、售卖。

综上,并不是所有粉丝都会参与文本再生产,粉丝是否投身文本再生产受内因与外因的影响:内因是粉丝个体的心理动机;外因包括创作能力,时间、物质条件与所处地域,以及创作氛围带动(见图 4.1)。

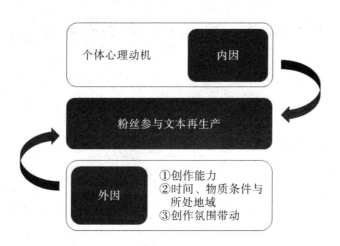

图 4.1 粉丝参与文本再生产的影响因素

第五章 粉丝的文本再生产过程：盗猎与融合

第一节 表现形式与媒介呈现

一、表现形式选择：两种导向

笔者在观察和访谈中发现，粉丝在前文提到的内外因作用的基础上，在创作形式选择的过程中一般有两种导向。

一类是扬长避短，根据自己的能力水平，用专业特长或相关爱好经历来进行创作。如美术专业出身的粉丝创作插画、学过建模软件的粉丝设计偶像形象的纸模、学过声乐的粉丝翻唱喜爱的歌曲等。受访者"佐伯光"表示，她在大学里学的专业是日语和戏剧影视文学，现在从事的职业也是和策划、剧本相关，加上曾经因为兴趣学过一些设计、排版、印刷方面的知识，因此在创作同人文章、制作同人本时相对得心应手。

　　另一类是在表现形式的吸引下从零开始学习。有粉丝之前从未接触过某一领域，但在该表现形式的特色和他人的优秀作品的感召下，主动自学相关技术。几位受访者都提到，他们本身均不是艺术专业出身，学习作画乃至现在成为专业画师，完全是自己从零开始的学习。不仅如此，粉丝生产者之间也很愿意与他人分享技术使用心得，即融合媒介环境下参与式文化存在的类似"师友的关系"，一些最有经验的人会把已知的知识和技能传授给新手。[①]

　　本书的受访者"初初"提到："2012 年我在网上知道了'伪视频'的存在后很感兴趣，从而决定学习剪视频，还找了圈内的堇色'大大'（即'堇色暮年'）拜师学艺……她会在网上公开收徒。"

　　随着目前媒介工具的日渐易得和内容生产操作的门槛逐渐降低，智能手机里的各类修图软件、绘图软件、视频剪辑软件、K 歌软件都是简单易得的工具，加上粉丝生产者间无私地相互教学，让更多人能够参与多媒体形式的文本再生产。

二、媒介呈现：多样化与综合性

　　互联网上的粉丝文本呈现最早是从文字开始的，一方面是因为早期多媒体技术水平所限，另一方面是用文字表达的门槛低，只要识字和会打字即可产生内容。随着技术的多样化和可及化，可供承载粉丝文本的形

① 蔡骐.大众传播中的粉丝现象研究[M].北京:新华出版社,2014:7.

式越来越多,文字、图像、音频、视频间相互融合与流动,涉及的线上、线下生产过程也变得更加复杂。陈彧在对百度贴吧粉丝文本的研究①中发现,当前粉丝偏好以图像形式来进行表达和阐释,如拍照、截图,这符合网络读图时代的趋势;粉丝流行跨媒介的转译,呈现媒体间的互文性,即融合媒介下的融合文化体现②:围绕同一个主题,将文字小说以图像的形式呈现、将图像汇总以视频的形式呈现,或将平面图像变为实体模型、将实体人物变为虚拟形象等。本书根据网络上可见的粉丝文本,对其呈现形式和类型进行了简单划分(见表5.1)。

表 5.1　常见粉丝文本在网络媒介中的呈现形式与类型

形式	类型
文字	小说、资讯信息、剧评、内容考据、对话交流、经验分享、段子、翻译等
图像	合成图(表情包、壁纸、头像)、插画漫画作品、照片(周边产品、模型、COSP-LAY、手工制品、活动现场拍摄等)
音频	原创歌曲、重编曲、翻唱(原曲翻唱或填词)、广播剧、电台节目
视频	剪辑类(原片摘剪、混剪、MV、MAD等)、拍摄类(舞蹈、演唱、剧情表演等)、MMD、动画、直播或实况等
其他	游戏、互动视频等综合性媒介产品

第二节　再生产准备:素材积累与技能学习

为了创作出高质量的、符合自己要求的作品,粉丝生产者会反复观看

---

① 陈彧.粉丝文本生产的三种路径——基于对百度贴吧的考察[J].河南大学学报(哲学社会科学版),2014,54(4):119-125.

② 詹金斯.文本盗猎者:电视粉丝与参与式文化[M].北京:北京大学出版社,2016:34-35.

原作文本、参考其他粉丝的作品或者搜索文献资料以获得更多细节，即增加对媒介景象内容的摄入，为个体的表演行为打下基础。比如，为了画出一些有特定历史背景和设定的人物角色，粉丝会去翻阅历史书籍或者参考相关影视剧的表现形式。

> 思考娜娜莉、朱雀①的衣服时，我会参考原作以及欧洲相关作品的衣服，像《权力的游戏》里的斗篷之类的，如果找不到就先放着，继续查资料……汉服也是，不敢随便乱画，需要查很多资料。（受访者"团猫"）

参与剪辑视频的粉丝作者也表示，为了剪出一个想要的画面，自己需要"阅片无数"，反复观看大量视频素材。

在创作技能方面，粉丝也会通过搜索教程、模仿与参考他人作品等方式，在不断地自学和练习中提高技术水平，为创作做准备。受访者"团猫"告诉笔者，自己在业余时间会花钱专门去学习素描、水彩课程，从而更好地服务于自己的创作。

---

① 娜娜莉、朱雀：日本动画《Code Geass 反叛的鲁路修》中的角色。

第三节　再生产过程：虚实结合与粉丝智慧的体现

一、再生产场景：融入日常生活

媒介对消费者日常生活的渗透不仅表现在消费接触和选择上，也表现在消费者的文本再生产过程中。粉丝的文本再生产灵感来源于个人日常生活体验、与其他粉丝的交流以及接触其他作品时引发的联想。不少受访者也表示，自己大多数的业余时间都投入了同人创作，在上课或工作的间隙也会不间断地进行构思。沉浸在作品世界中的粉丝们，会很容易地将所粉对象与现实生活场景或其他媒体文本建立联系：偶然听到的一句歌词、粉丝同好们在网上的闲聊讨论、看了一部新电影发现剧情设定很适合套用在自己喜欢的角色身上等，都是典型的创作灵感来源。"前阵子正在考虑要不要做 APH① 相关的东西，然后骑车的时候听了 Sound Horizon 的以'薛定谔的猫箱'为线索的音乐专辑《Nein》，突然想到可以用'薛定谔的普鲁士'这个主题来创作。有时候碰到某些特定节日，也会创作应景的作品。"（受访者"Muh"）

---

① 　APH：日本漫画《Axis Powers ヘタリア》的缩写。该作品以世界历史为主轴，将多个国家以及该国的文化和风土民情进行拟人化呈现。

二、再生产方式：个体或集体智慧的展现

　　粉丝的文本生产过程,既有独立创作,也有多人合作。文字表达、绘画、合成图像、手工这类形式适合单人创作,流程也相对简单。多人合作多出现在翻唱、视频剪辑、COSPLAY、舞蹈等多媒体表现形式上。这些形式涉及的技术知识多且广。比如,翻唱视频,在演唱歌曲后需要对音频进行后期处理,也需要对搭配的视频进行剪辑、做特效、加字幕,有些视频画面甚至还需要邀请画手画插图。受访者"雪辉"介绍了他每一个翻唱视频的生产流程:"录一首日文歌首先要顺词,熟练到一定程度后用电脑软件录制。一首歌的录制大概花两个小时,很难的歌要花一两天,反复录到满意为止。然后找认识的朋友帮忙修整音频,自己找视频素材剪辑PV,如果视频需要有曲绘①,会找网上社团里的'大大'帮忙制作。"

　　这个流程反映出当前的粉丝作品更多时候是一种集体智慧的体现,粉丝圈内部也形成了相对有体系的协作和分工流程。

---

①　曲绘:根据音乐作品创作的绘画作品。

第四节　再生产过程中的粉丝特质与文本特征

一、粉丝特质：多元爱好与高要求

粉丝文本的再生产行为，本质是受众表达情感观点的手段，也是爱好和特长的有机结合。当前的粉丝生产者拥有的多元化爱好，体现了当代青少年即网生代人群追求个性的文化消费行为和开放包容的审美观。而多才多艺的粉丝随处可见的现象，也反映了社会经济、文化和教育水平的进步。粉丝生产者从零开始一步步成长为专业化或职业化人士，即使在已掌握部分能力和特长的基础上，仍以追求完美的心态去学习更多技能，努力提高作品质量，这从某种程度上体现了新一代消费者群体强大的学习能力和严格的自我要求。

二、文本内容特征：以个体为中心的跨媒介叙事和跨文本拼贴

粉丝再生产的文本内容具有跨媒介[①]和跨文本的特色：粉丝文本从生产工具到内容呈现的媒介形态多种多样，从线下到线上相互延伸，并以

---

① 刘昕怡.亚文化视野下的《盗墓笔记》同人传播研究[D].合肥：安徽大学，2016.

融合的趋势发展;文本内容跨越时空和次元,在粉丝的解读、挪用和重构过程中连接过去与现在、虚拟与实体。

在前人对粉丝小说表现手法的研究中,亨利·詹金斯较好地概括了粉丝生产者对原文本的十种重写方式(见表5.2)——背景重设、扩展原文本时间段、重聚焦、道德重置、类型转换、混合同人、人物错置、个人化、情感强化、情色化。

表 5.2　亨利·詹金斯总结的粉丝生产者对原文本的十种重写方式

手法	具体表现
背景重设(recontextualization)	集中于原文本之外的世界和行为,将原文本中未提及的场景进行细节描写,为原文本内的人物举止特别是费解行为提供更多解释
扩展原文本时间段(expanding the series timeline)	对原文本事件发生之前或之后的内容进行畅想或续写
重聚焦(refocalization)	从原文本的中心人物身上转移视线,去关注次要角色或者占据剧情时间较少的角色
道德重置(moral realignment)	逆转或者质疑原文本中的道德观,如将原文本中的恶棍变成同人小说叙事中的主人公
类型转换(genre shifting)	以其他题材的写作风格、要素重新演绎原文本的可能性,如将科幻变换为神话冒险、法庭戏剧、爱情故事、推理和谍战故事等
混合同人(crossovers)	模糊不同文本、题材之间的界限,将多部作品的背景、人物设定融合在一起进行创作
人物错置(character dislocation)	将原文本人物从原先环境中移出,赋予新的名字和身份,放置到不同时代、地域背景里
个人化(personalization)	粉丝将自己带入角色中开展创作,与喜爱的作品人物产生新的互动和联系
情感强化(emotional intensification)	将原文本中人物之间关键的剧情节点进行深入叙述和重新解读,从而增强两个主角之间的亲密感或信任度

续表

手法	具体表现
情色化(eroticization)	将相对纯洁、时有暗示性色情内容的原文本进行更为直接、赤裸的性描写

（资料来源：詹金斯.文本盗猎者：电视粉丝与参与式文化[M].北京：北京大学出版社,2016：34-35.）

在受访粉丝生产者的作品中,可以看到许多类似手法的使用。如受访者"佐伯光"关于日本动画《魔法少女小圆》的二次创作作品《编辑意识》采用了人物错置、类型转换的方式,将原本剧情中残酷的魔法世界替换成和平的现代社会,让原本需要面对生死存亡的人物过上安逸平和的职场生活;受访者"小夜"对美国电视剧《权力的游戏》中贾坤和艾莉亚两个人物之间的情感关系进行了强化,并延伸原文本的时间段,以此为线索描写了一系列新故事;受访者"小J"根据游戏《毗卢遮那战姬～源平飞花梦想～》的剧情,以道德重置的方式,一改原作中源义经和源赖朝两个人物的行为逻辑和立场,续写源平合战后两人之间的新发展。

虽然詹金斯描述的这些手法主要是从对粉丝小说的分析中提炼出来的,但也可以用来解读其他类型的粉丝作品,比如,类型转换、混合同人、背景重设、个人化手法在图像、歌曲歌词、视频的创作中也经常使用。其中类型转换可以理解为绘图上画风、构图的转变,也可以理解为视频剪辑中镜头语言的切换;混合同人的手法,可以第四章提到的粉丝"伪视频"为例,即用不同影视剧中的形象来阐述不同的小说剧情,如受访者"初初"将演员刘诗诗出演的电视剧片段与其他电视剧男角色的混剪;COSPLAY也对应了个人化的创作手法,如受访者"小黄鸡"称其COSPLAY某个人物就是"想成为那个人物本身"……虽然这些表现手法根据使用的媒介载体类型各有差异,但都具有共同之处——作者都对原文本或形象进行了自己的解读、挪用和重构,将公共的文本烙上个人的痕迹。

值得一提的是,这种跨媒介、跨文本的特色也逐渐普遍化、常态化,成为粉丝群体常见的日常表达形式。比如,粉丝在聊天中想要表达某种情感,想起偶像在某个视频里的表情很符合自己当下的心情,于是输入视频网站地址,找出视频片段并截图,再打开修图软件,加上文字后转换为表情发送,这就是最简单的表情包生产流程。受访者"Sekai"就经常在其个人社交平台或 QQ 群里,使用她截图自制的偶像表情包来表达自己的日常心情。这一流程涉及粉丝生产者对互联网视频网站与搜索引擎、媒体播放技术、截图工具、修图软件等技术的使用,粉丝文本也从视频形式变为图片和文字相结合,文本的原意亦被粉丝挪用为含有个体解读意义的情绪表达。

第六章 粉丝文本的呈现与发布：线上多渠道、策略化的受众表演

第一节 粉丝文本的主要线上发布渠道与特点

一、线上是粉丝文本的主要发布渠道

作品完成后，粉丝到达了作品发布这一环节。在互联网还不发达的时代，粉丝文本主要依靠线下纸质媒介或者磁带、录像带等载体呈现，粉丝完成文本再生产后，会选择自己保留、向朋友展示或者投稿给杂志、报纸等传统媒体，由此完成了作品生产和传播的闭环。

互联网打通了粉丝间交流的壁垒，社交平台促成了网络分享机制的完善。如今在发布渠道的选择上，除了私人交流目的外，大多数粉丝生产者会优先选择通过互联网公开作品，粉丝文本也成了众多网络平台 UGC 的一种。而线下的传播渠道，更多时候成为线上发布之后的环节，如印刷同人本、制作明信片或展会表演交流等。

二、粉丝圈类型

要了解粉丝文本的发布和传播，首先需要了解粉丝圈子的类型。一般来说，粉丝参与的圈子有多种分类，各类圈子之间存在交集，且各自有对应的主要传播平台。

笔者认为，当前粉丝圈可大致分为以下几种类型：第一种是根据文化产品来源国形成的圈子，如 J-POP（Japanese POP Music，即日本流行音乐）圈、K-POP（Korean POP Music，即韩国流行音乐）圈、美剧圈、英剧圈、泰剧圈，或者日娱圈、韩娱圈等，范围较广，涉及某一国家或地区的文化产品都可以纳入其中；第二种是根据文化产品形式分类，如动画、漫画、游戏相关的"二次元圈"，音乐剧粉丝集合的"音乐剧圈"，还有针对电竞、体育等赛事的"电竞圈""体育圈"等；第三种是围绕具体的某一部作品、某一个角色、某一位明星形成的粉丝群体，如"全职圈"是小说《全职高手》爱好者形成的圈子，"瓶邪"是《盗墓笔记》小说角色"闷油瓶"与"吴邪"组成的 CP 粉丝圈名称，"四叶草"是中国内地男子演唱组合 TFBOYS 粉丝圈的名称等。

具体到粉丝文本再生产领域，擅长运用同一创作形式的粉丝生产者之间组成交流合作团体，也会形成写手圈、画手圈、翻唱圈、剪辑圈等圈子。

三、当前主要粉丝文本网络发布平台和关联粉丝圈

各式各样的粉丝文本网络发布平台，与粉丝圈、粉丝创作圈类型密不可分。

综合类网络平台可以发布文字、图片、视频等各种形式的作品，不限题材、不限形式，且用户类型多样，容易实现"破圈"，即突破既有圈层的限制，向更广阔的范围传播，被更多的人看到、认可，是众多粉丝首选的作品发布平台。

专门类网络平台可以按照其发布的媒介内容进行细分，如专注文章、小说连载的网站，专注图片、视频发布的社交媒体等，这些平台为写手圈、画手圈、剪辑圈等各类创作者提供了专属聚集地。

此外，还有围绕具体某一品类、作品、角色特设的网站、论坛、专题账号、讨论组等，如百度贴吧、豆瓣小组、NGA 玩家社区、虎扑等网站，具有专、精、深的特点，垂直性强，笔者将这类归为主题类平台（详见表 6.1）。

表 6.1　当前国内粉丝文本主要线上发布平台

类型		常用平台
综合类平台		微博、哔哩哔哩、LOFTER、X(原 Twitter)、QQ 空间、小红书、无差别同人站、微信公众号等
专门类平台	文字类	晋江文学城、AO3 等
	图片类	pixiv、米画师、Instagram 等
	音频类	5sing、网易云音乐、喜马拉雅、猫耳 FM 等
	视频类	抖音、YouTube、秒拍、优酷、腾讯视频等
	游戏类	橙光、steam 等
主题类平台		百度贴吧、豆瓣小组、NGA、虎扑以及其他主题网站、论坛等

值得一提的是一些日常用户活跃数量高的平台往往具有较强的广告营销价值,这些平台也成为许多媒介产品制作方发布信息和作品、吸引粉丝、与粉丝互动的主要阵地。笔者接下来将简单介绍一些国内粉丝常用的网络发布平台。

1.综合类平台

(1)微博①(原"新浪微博")

新浪微博上线于 2009 年,2014 年更名为微博。微博将实时、公开的用户自我表达与社交互动、内容聚合和分发平台相结合,用户可以通过文字、图片、视频等多媒体形式,实现信息的即时分享和传播互动。作为国内开设历史较长的社交网络平台,微博汇聚了众多不同地区、领域、年龄层的用户,往往是一些热点新闻事件的发生平台、热门文化产品的发布平台,因此也成为许多粉丝生产者首选的作品发布和交流场所。

就传播角度而言,微博在基于用户关系的传播基础上推出"话题""超话社区"功能,进一步推进了同一兴趣领域的内容传播和用户互动。粉丝生产者将其作品发到微博上并带上专属话题标签,其他粉丝便可以在话题广场中看到该作品,进行点赞、评论、转发,与发布者交流,促进作品的二次传播。不仅如此,微博上还有许多文化产品制作方或粉丝运营的资讯类、投稿类账号,如"阴阳师手游同人帐""王者荣耀同人局"等,接受粉丝生产者的署名或匿名作品投稿。

---

① 微博网址:https://weibo.com/。

（2）哔哩哔哩①

哔哩哔哩网站创立于 2009 年 6 月，其前身为 Mikufans，2010 年改名为哔哩哔哩（bilibili），俗称"B 站"。B 站最早是以动画、漫画和游戏，即 ACG 内容为主的视频弹幕网站，之后逐步发展为覆盖生活、游戏、娱乐、动漫、科技和知识等多元文化和兴趣内容的平台。目前该平台支持用户发布文字、图片和视频（含短视频、长视频、互动视频、直播）等内容，社交互动属性也日益增强，成为年轻群体的聚集地。

在内容方面，B 站拥有动画、番剧、国创、电影、电视剧、音乐、舞蹈、游戏、知识、科技、生活、娱乐、鬼畜、时尚等内容分区，同时还开设了专栏、课堂、直播、游戏中心、会员购等版块。在 B 站的生态下，媒介产品制作方和粉丝创作者可以在同一平台上发布作品，并通过分区、话题、关键词大数据推荐等形式，将相关内容推送给感兴趣的用户，也为喜爱同一文化产品的粉丝提供了便利的内容获取途径。不仅如此，B 站会员购的漫展演出购票平台聚合了全国各地的演艺、展会活动，也为粉丝开展线下交流搭建了桥梁。

此外，B 站持续拓宽变现渠道，为创作者提供更多的资源收入方式，包括创作激励以及优质创作者（UP 主）广告、带货服务等，以吸引更多用户投入创作。

（3）LOFTER②

LOFTER 上线于 2011 年，是网易公司旗下的轻博客平台，被用户称

---

① 哔哩哔哩网址：https://www.bilibili.com/。
② LOFTER 网址：https://www.lofter.com/。

为"老福特"。与其他轻博客相比，LOFTER 核心目标用户为内容生产者和内容消费者。据 LOFTER 官网介绍，该平台拥有 8000 万个兴趣标签、1300 万名创作者，覆盖游戏、二次元、摄影、影视、娱乐等多个兴趣领域。

在上线初期，LOFTER 用户在该平台上分享类似国外平台 Instagram 的摄影作品、进行图文创作。随着"二次元""饭圈"文化的流行，近年来，LOFTER 的重心逐渐向"同人作品"上转移。内容创作者可以在 LOFTER 上发布文章、图片、视频等内容，平台也在 App 内设置了视频、二次元、嗑 CP、绘画、影视、娱乐、文学、生活、旅行、摄影等专区，以及"同人文""绘画"等热门榜，内容消费者可以通过分区、兴趣标签、榜单、相关推荐等形式搜索、查看感兴趣的作品。平台用户发布的作品下方除了有评论、点赞、收藏功能外，还有"赠礼"区，读者可以为喜爱的创作者赠送虚拟道具。

LOFTER 用户还可以参加平台举办的创作激励活动、向相关领域的 LOFTER 官方账号投稿，增加作品曝光度。该平台还设有热门衍生周边的创意集市，支持创作者通过 LOFTER 售卖创作衍生品。

（4）X（原 Twitter）[①]

Twitter 是源于美国的社交网络及微博客平台，用户可以将自己的最新动态和想法以文字、图片、视频等形式发布，也可以参与实时评论对话、活动直播。2023 年 7 月，Twitter 更名为"X"。

X 上讨论的话题涵盖突发事件、娱乐讯息、体育消息、政治新闻、日常

---

① X 网址：https://www.twitter.com。

资讯等,支持多国语言,目前已发展成为国际型交流平台。用户可以通过tag(话题)功能参与相关主题领域的讨论,也可以通过翻译功能查看不同语言的内容。由于 X 的国际性和综合性,它聚集、连接了世界各地的粉丝生产者和粉丝文本爱好者,让粉丝可以跨越国别进行交流。

(5)无差别同人站[①]

无差别同人站(CPP)是上海摩都文化传播有限公司推出的一个网络平台,主要功能包括全国同人制品刊登、信息检索、同人作品发布等,同人制品作者、同人展会主办、普通的同人爱好者均可使用该平台与其他同好进行交流。

该平台还可以为全国范围内的同人展会提供信息检索服务、票务服务、在线申摊服务,为各同人展主办方提供在线审摊、数据收集、信息公告等服务。粉丝生产者可在平台上发布单张插图、单篇文章以及连载漫画、小说,还可以发布原创、二创企划征集等。此外,粉丝生产者还可以联合起来形成社团,以社团的名义在平台上注册发布同人制品信息,制品内容包括但不限于漫画、小说、图集、CD、游戏、卡片、COS、手办等。

2.专门类平台

(1)文字类

a.晋江文学城[②]

晋江文学城创立于 2003 年,是目前国内影响力较大的女性向原创文学网站之一,同时也是许多粉丝生产者的集散地。平台内容主要为文章、

---

① 无差别同人站网址:https://www.allcpp.cn/。
② 晋江文学城网址:https://www.jjwxc.net。

小说,现拥有言情小说、纯爱/无 cp、衍生/轻小说、原创小说四大类分区,涵盖文章类型多样。同时,晋江文学城还设有作品、作者热度排行榜以及作者专区、评论频道等,并举办各类征文活动。

晋江文学城拥有一套较为成熟的签约作者服务体系,可为签约作者提供网站流量推荐、分成优惠以及出版影视、编剧工作、文学大赛、相关培训等各类推荐渠道,以及影视、游戏等版权、海外版权、电子版权、实体出版等服务,为优秀创作者扩大作品影响力。

b.Archive of Our Own[1]

Archive of Our Own(简称"AO3")启用于 2009 年,是一个由粉丝创建和运营、非营利和非商业性质的网站。该平台储存有各类粉丝作品,包括但不限于同人小说、同人图、同人视频、有声小说等,其中同人小说占大多数。平台上的创作主题包括各类文学作品;动画、漫画、连环画;名人、真实人物;音乐、乐队;游戏;电视节目以及其他未分类的粉丝作品。

作为单纯的内容创作平台,AO3 对粉丝生产者在合法前提下发布的作品没有设置任何门槛和内容限制。同时,该平台也有年龄分级、内容预警等保护措施。截至目前,AO3 上的作品仍在不断增长,已成为世界同人文学集散地,来自不同国家和地区的无数粉丝生产者持续在平台上上传作品。而阅读者也可以通过标签、查找等功能关注、跟进喜爱的作者发布的作品。

(2)图片类

pixiv[2] 成立于 2007 年,是一个专注于艺术和插画的日本在线社交平

---

① Archive of Our Own 官网:https://archiveofourown.org。

② pixiv 网址:https://www.pixiv.net/。

台,主要面向插画家、漫画家、小说家以及喜欢艺术创作的普通用户,用户群覆盖多个国家。创作者可以在该平台上上传自己的插画、漫画、小说等作品,与其他用户分享和交流。平台也提供阅读、搜索功能,让用户能够浏览各种风格和主题的作品。

pixiv 上设有作品排行榜、比赛、约稿以及用户企划、绘图方法、创作点子等专区,提供绘画技巧教学、创作灵感分享、用户间约稿等服务,并与 IP 官方举办征集赛事等,从作品的创作、传播、交流等方面多角度地鼓励用户产出。

(3)音频类

5sing(中国原创音乐基地)[①]成立于 2004 年 9 月,是国内较早的二次创作音乐和原创音乐爱好者集合地,支持用户上传原创歌曲、翻唱、伴奏、广播剧、配音等作品,也提供歌曲伴奏及歌词的免费下载。该平台最知名的当属古风音乐。许多国产影视剧、网络游戏、动画粉丝在该平台上发布自己借曲填词的歌曲或者原创古风音乐,平台也因此孵化出了许多优秀的音乐人和众多优质的音频类粉丝作品。

目前 5sing 上还设有交流社区,包含"作词""翻唱""配音""独立创作""古风诗词"等更多细分的小圈,且该类圈子可由用户自主创建。这些"圈子"版块的论坛属性,让用户能更清晰、准确地找到同好,从而在作曲、填词、演唱、后期制作方面进行深度交流。此外,该平台也长期和一些知名 IP 开展联动,如 2023 年举办的"剑网 3 十二周年同人嘉年华·音乐大

---

① 5sing(中国原创音乐基地)网址:5sing.kugou.com。

赛"、"《掌门太忙》主题曲翻唱大赛"等，通过奖金、礼品、游戏道具等吸引更多粉丝参与音乐创作。

（3）视频类

a.抖音①

抖音上线于 2016 年，是由字节跳动公司开发的一款短视频社交软件（抖音的全球版称为 Tik Tok），平台围绕"帮助用户表达自我、记录美好生活"这一主题，设有直播、放映厅、知识、热点、游戏、娱乐、二次元、音乐、美食、体育、时尚等专区，用户可以拍摄、编辑和分享短视频，还可以通过关注、点赞、评论等方式与其他用户互动，建立自己的社交圈子。

随着抖音平台用户数、播放量的持续攀升，越来越多的粉丝生产者在该平台上发布作品。抖音专门的算法推荐技术，可根据用户的兴趣和行为推荐相关的短视频内容，在一定程度上也促进了同一主题爱好者之间的精准匹配和交流。

b.YouTube②

YouTube 成立于 2005 年，是一个全球性的网络视频分享平台。YouTube 的运营主要依赖用户生成内容，允许用户上传、观看和分享各种类型的视频内容，包括音乐、教育、娱乐、游戏、时事新闻等各种主题。观看者可以订阅自己喜欢的创作和频道，还可以在视频下方发表评论、参与讨论。

YouTube 也设有广告平台，允许广告商在视频中播放广告，为创作者提供赚取收入的机会。一些成功的创作者能够通过广告、赞助和其他

---

① 抖音网址：https://www.douyin.com/。

② YouTube 网址：https://www.youtube.com/。

方式实现视频的商业化。

（4）游戏类

橙光①是一个国内互动阅读社区，其前身是 2006 年成立的一个基于 RM 游戏（即用 RPG Maker 软件制作的游戏）的交流网站。2012 年，橙光正式成立，推出了类似文字 AVG（Adventure Game）游戏的在线互动阅读体验模式，用户在阅读体验剧情的过程中，可以通过其中出现的选项参与和影响剧情发展，获取不同故事结局。橙光配套了简单易学的橙光制作工具以及免费素材库，创作者可借助该工具，利用文字、图像、UI、音频及特效素材，将传统的纯文字作品创作成一种视觉体验和阅读方式都更加新颖的互动型阅读作品。

目前橙光设有现代、古风、幻想冒险、快穿穿书、时光档案、奇幻恋语、明星、光影等分区，其中光影、明星区集中了许多影视剧、动漫、明星粉丝的二次创作作品。和晋江文学城类似，橙光也有一套签约作者机制，并持续推动平台上的作品在影视、漫画、实体文学、有声文学、真人互动电影、视频解说、原创音乐等方面的改编和商业化。

3.主题类平台

（1）百度贴吧

百度贴吧创立于 2003 年，是由百度公司推出的以兴趣主题聚合志同道合者的互动平台，拥有相同爱好的网友可以聚集在这里交流话题、展示自我、结交朋友。

---

① 橙光网址：www.66rpg.com。

百度贴吧的主要功能包括话题讨论、资源分享、社交互动等,用户可以文字、图片、视频等形式在贴吧内发帖子交流。与综合类平台相比,在贴吧的帖子内,用户可围绕一个较为具体的主题展开讨论、逐字逐句对应回复,用户之间的交流也更为直接、深入。

由于百度贴吧连接着国内知名的搜索引擎百度,用户只要在百度里搜索关键字即可找到对应的贴吧,迅速发现共同爱好者。目前百度将贴吧分为娱乐明星、文学、生活家、体育、闲·趣、游戏、动漫宅、追星族、音乐、体育、地区、生活、社会、百度服务中心 14 个大类。各个类别下面还有进一步地细分,如娱乐明星大类下包含时尚人物、明星、粉丝组织、网络红人、选秀选手、CP、娱乐明星话题、导演等。不仅如此,贴吧内也会举办各类活动和竞赛,吸引用户参与,增强社区互动性。一些文化产品制作方甚至直接入驻相应主题的贴吧与粉丝展开交流。

(2)豆瓣小组

"豆瓣小组"是 2005 年豆瓣网上线的一个社区功能,用户可在特定主题下创建、加入和参与讨论小组,与其他对同一主题感兴趣的人进行交流和分享。豆瓣迄今已建立了数十万个小组,遍及各种小众群体,是各圈层亚文化的聚集地。目前豆瓣小组主要有追剧、书影音、人文、生活等分类。

豆瓣各小组内的帖子形式包括文字、图片、视频等,组还可以对不同的帖子进行更为细致地分类。如国产电视剧《狂飙》的豆瓣小组内设有"剧情讨论"区、"产出"区等,"产出"区专门用来归档组员创作的同人文、同人图、同人视频等帖子,小组内还会举办同人文创作征集活动,鼓励更多的用户参与创作和交流(见图 6.1)。

图 6.1 国产电视剧《狂飙》的豆瓣小组内"产出"区相关粉丝创作楼

（图片来源：豆瓣小组 App 截图）

第二节 自我表演：策略化的平台选择与发布偏好

粉丝如何发布自己的作品，归因于哪种平台能够更好地展示自己。

观展/表演范式认为，受众不仅是观展者，还是表演者。受众通过渗透于日常生活中的媒介景观，由想象与表演产生自恋，想象他人会如何看待自己，也为了想象中的观众进行表演。同时，受众也以他人为参照反思自我，进行更多的观展和知识积累，推动着下一轮表演的产生，从而形成循环。①

一、平台策略：精准分发

粉丝生产者们掌握不同传播平台的功能特性，也深知它们代表着不同的受众和喜好。参与文本再生产的粉丝会关注各类型圈子的动态，也会把自己的作品同时发布到多个平台上，利用各个平台的对应特性让自己的表演得到更好的呈现。

其中直播网站就是一种典型的体现网络用户自我表演行为和自恋心态的平台，播主既能够实时表演自己，也能够获得观众即时的交流。某晚，受访者"塔塔"在自己的 QQ 空间上发布了自己正在 B 站上直播画画的链接，她的部分 QQ 好友和 B 站上路过的网友就进入直播间围观（见图 6.2)，用弹幕文字和她交流，帮她提供作画建议或者一起交流对原作的喜爱。同时，她也在直播前和直播后于 QQ 空间上连发多条动态，提示更多的朋友前去观看并展示自己完成的作品（见图 6.3）。

---

① 　N Abercrombie，B Longhurst. Audiences：a Sociological Theory of Performance and Imagination [M].London：Sage，1998：44.

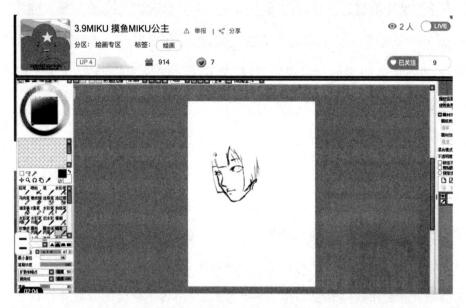

图 6.2　受访者"塔塔"的网络直播现场

（图片来源:受访者哔哩哔哩主页截图）

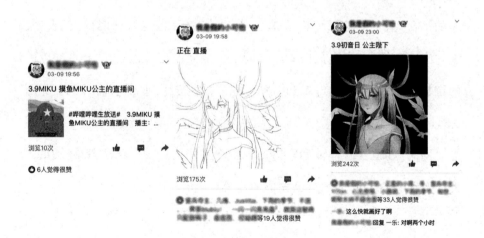

图 6.3　受访者"塔塔"的 QQ 空间截图

（图片来源:受访者 QQ 空间）

不少受访者在访谈中也提到自己作品发布和平台选择的联系。他们通过以往观展和表演的经验,对各"表演"平台的运行机制和其背后的受众行为有自己的想法和判定,再用这些知识定位出自己需要的观众类型,进而精准分发个人作品。

比如,受访者"黄咩咩"观察到当前受众"快餐化"的媒介消费行为:"我发的作品会传到秒拍上,因为秒拍现在很火,大家都喜欢快餐式的东西,一点开就能看。"因此她每次上传作品到传统视频网站后,还会传一份到秒拍,方便积聚在微博上的同类粉丝群体观看和转发。

而受访者"雪辉"对同一类型的发布平台各有侧重,体现了他个人发布作品的主要需求:"我现在都会传到 B 站、5sing 和网易云音乐上,但会比较在乎和侧重 B 站,因为它现在(流量机制)相对 5sing 来得公平,所以比较希望在上面取得好成绩。而且点击量高的作品会有很多评论,支持的、鼓励的(评论)很多。"

二、发布策略:借势

为了让作品拥有更多的受众和更大的影响力,粉丝在发布作品时会使用一些策略。草根创作者最常使用一招的就是"借势"。

一类是加话题、分类标签或者"@"功能。例如,微博作为国内最大的兴趣导向社交媒体,汇集了媒介文化产品制作方、明星本人、粉丝圈同好、媒体机构以及其他各类人士,是众多粉丝文本的集散地。粉丝生产者将自己的作品带上话题标签,就很容易被关注同一对象的人搜索到,而"@"

某些"大 V"或粉丝大号获得转发,就能够借着他们的影响力迅速让成千上万的人看见自己的作品。图 6.4 来源于本书受访者的微博,体现了前文所述粉丝的作品发布策略。

#百绘罗衣# 终于画完了自设的大天狗,自己的私心是人类化的黑长直(重点)大天狗啦……主题是"椿",希望大家也能喜欢很长直的设定(割一口大腿肉)。p2瞎搞搞、p3设定、我觉得wb肯定缩图所以p4丢个大头 @网易阴阳师手游

2月13日 20:34 来自 微博 weibo.com   ↱ 649 | ⊡ 282 | ⛬ 3059

图 6.4 受访者在微博上发布粉丝文本的截图

(图片来源:受访者微博)

另一类发布策略是借助团体或平台的名义发布,让作品在其他受众眼中呈现出更为专业的感觉。部分参与粉丝圈的作者会使用粉丝圈专门的账号发布作品。比如,受访者"黄咩咩"曾和朋友在微博和 B 站上注册了一个名为"晨赫宇宙糖援站"的账号,专门发布明星李晨和陈赫的各类剪辑视频,在 B 站上共收获了近两千的粉丝和 11 万的播放量,比用个人账号发布的关注量多很多。受访者"小夜"曾经在微博上发布过一篇精彩的《冰与火之歌》小说考据文,文章结合原作细致地剖析了某一配角可能隐藏的剧情线索和背景。之后该文在其他粉丝的帮助下,通过冰火粉丝圈内著名微信公众号"黑城堡"发布,获得了上万的阅读量,让更多的人了解并接受她对剧情的立场和观点。

詹金斯在他的《延展型媒体》(*Spreadable Media*)一书中扩充了参与式文化的外延,认为当前新媒体环境下的受众已经成为一种新型的"可延展媒体",他们能够在利用何种媒体传播、在何种情境下、承载何种含义等诸多选项中做出自我判断和选择。[①] 笔者认为,粉丝在线上的作品发布和传播行为,体现了粉丝生产者较高的媒介区分和使用能力,也契合了延展型媒体的内涵:由自己的消费习惯推及其他受众,掌握各个平台的传播特性、传播受众的特点与反应,善于利用媒体技术服务于自我表演。

---

① Jenkins H. Spreadable Media: Creating Value and Meaning in a Networked Culture [M]. New York: NYU Press, 2013.

第七章 粉丝文本的实体化与流通：线下社交化、仪式化的受众互动

第一节 粉丝文本的实体化

一、粉丝文本的线下延伸

除了在线上平台发布传播外，粉丝文本的实体化以及在线下的流通也日渐频繁。当前粉丝文本的实体化主要可分为实物制品和现场表演两大类。其中实物制品以多种形式承载了粉丝创作的小说、插画、音乐、视频等，如同人本、同人画集、同人专辑，以及明信片、立牌、挂件、玩偶等物件设计。现场表演则包括演唱、舞台剧等。这些都是粉丝文本在线下的延伸。

粉丝文本的实体化制品制作完毕后，不同的创作者会选择不同的流通形式，比如，免费交换或者直接出售、仅线下流通或者线上和线下均可售卖、个人直接出售或者找代理商寄售，等等。一些销量好的制品完售后

还会进行二次、三次甚至多次再贩。需要注意的是,在同人圈被认可的实物制品,是粉丝生产者经过自己构思后创作的内容,与直接使用原作品官方要素、未获得授权的盗版制品有所不同。

二、粉丝文本的主要实物制品类型

1.本子、册子类

完成作品后,为了与更多的人进行交流,不少粉丝生产者会将自己的作品集合起来并印刷成册,这类册子在国内一般被称为"同人本"(简称"本子"),是粉丝生产者创意与诚意的结晶。可以说,同人本是同人圈最有代表性的制品,一些正规的同人展会主办方要求申请摊位的创作者必须有原创同人本出展。

同人本的内容可以是小说、插画、漫画或者图文结合的作品,规格、形式与日常可见的印刷品相近,一些同人本还会根据作者的巧思进行特殊的印刷设计,并搭配同人本主题周边制品(如徽章、挂件)组合出售。

2.光碟类

音频类、视频类以及游戏类粉丝文本,一般以光碟的形式进行实体化,具体表现为音乐 CD、广播剧 CD、游戏等。

3.周边制品类

周边制品类是粉丝生产者创作的一些创意衍生品,包括装饰品、日用品、文具、餐具等,形式多样,根据粉丝圈、用途的各异,有着不同的叫法,如"周边"、"谷子(goods 的谐音)"、"应援物"等。笔者根据制品材质,对比较常见的周边制品进行了分类(见表 7.1)。

表 7.1 常见的粉丝实物周边制品

材质	形式
纸制品	拍立得卡片、明信片、书签、镭射票(采用镭射材质、工艺印刷的小卡片)、色纸(手绘或印有图案的方形签名板)、手幅(粉丝参加活动时手持的大卡片)、纸胶带、贴纸等
塑料、橡胶制品	立牌(印有图案可立起的亚克力板)、透卡(印有图案的透明卡片)、钥匙挂件、流沙麻将(用流沙油、珠光粉组合制作的印有图案的亚克力块)、模型、手机壳、扇子等
金属制品	徽章、盒子等
布制品	娃娃、布包、T 恤、毛巾等
其他	杯子、饼干等

三、粉丝现场表演

粉丝现场表演的类型主要有歌曲翻唱、音乐演奏、COSPLAY 展示、舞台剧表演等。顾名思义,歌曲翻唱、音乐演奏是粉丝对原作歌曲的重新演绎,或者针对某一部作品的作曲、填词、重编曲等。而 COSPLAY 展示多出现在漫展、同人展活动中,粉丝身着自制或定做的服装、道具,进行化妆、造型设计,还原文化作品中某位角色或历史人物,在活动现场展示并与其他粉丝进行交流。舞台剧则是粉丝选取原作经典的剧情片段在舞台上进行表演,很多时候会和 COSPLAY 结合,形成 COSPLAY 舞台剧。从演唱者、编曲者到演奏者,从编剧、服装师、道具师到演员,粉丝的现场表演一般是多人合作的产物。

第二节　实体化粉丝文本的流通渠道

各类线下展会、演出是实体化粉丝文本的集中流通渠道。目前国内比较常见的文化产品展会，有各类主体均可参展的综合类展会，还有专门为粉丝打造的同人展会。在一些原作方举办的演唱会、音乐会、话剧、舞台剧以及体育赛事中，聚集在一起的粉丝也会携一系列制品作为应援物到场，以彰显粉丝身份、表达对作品的喜爱。

值得一提的是，许多粉丝实体制品的交换、出售过程会依托线上渠道进行宣传、联络和征集，现场表演的内容会通过拍摄的视频上传到互联网，粉丝阅读、购买他人作品后产生的感想也会通过线上反馈传达给粉丝生产者，因而粉丝文本的流通并不完全局限在一个渠道中，更多的时候是线上与线下相融合。

一、展会

1.综合类展会

综合类展会是指各类主体均可出展、不限主题、不限原创的展会，如动漫展、游戏展、影视剧展等，与粉丝向的同人展相比，综合类展会一般商业性更强，参展主体主要为企业，以文化作品出品方、运营方、合作方、品牌方为主，如著名的中国国际数码互动娱乐展览会（China Joy）、中国国际漫画节（CICF）、中国国际动漫游戏博览会（CCG EXPO）、Bilibili World（哔哩哔哩线下嘉年华活动）等，覆盖领域广、主题多元，除了展位外，这些综合类展会也常常在现场举办赛事、演出、见面会、论坛等。

在综合类展会上，粉丝主要以观众、选手的身份参展，如逛现场展位、参与比赛、与喜爱的文化作品主创或演职人员见面等。一些综合类展会上举办的赛事、表演环节，也是粉丝开展线下表演的平台，如中国国际数码互动娱乐展览会的 COSPLAY 舞台剧大赛、中国动漫金龙奖 COSPLAY 全国超级大赛已连续举办十多年，参与者覆盖全国各地。同时，以展会为契机，粉丝之间会互相交换各自制作的实物制品，或向明星、演职人员赠送自己设计的制品作为礼物。

2.同人展会

同人展会即以粉丝为参展主体的展会，集合了粉丝文本、粉丝同人制品、粉丝表演等内容，符合原创要求的粉丝生产者均可申请成为摊主，其他粉丝消费者也可以作为观众到现场参观、体验、购买或免费领取喜爱的同人制品。

同人展有集结各类 IP 的综合同人展，也有专门围绕一类题材、一个 IP、一部作品、一对 CP 或一个角色举办的主题同人展，大到专门的会展场馆、体育馆、产业园，小到美术馆、酒店会议厅、户外广场，都可以成为同人展举办的场所。受疫情、地域、时间等因素的影响，近年来一些展会也陆续尝试采用线上模式，粉丝可以通过类似网页游戏的形式虚拟摆摊、参展，并通过邮寄方式寄出实物制品。

目前国内比较知名、规模较大的综合同人展有 COMICUP(魔都同人祭,简称 CP)、ComiDay(成都同人作品交流会,简称 CD)等,参展群体覆盖全国各地。主题同人展数量更多、更为频繁、受众更加细分,但规模普遍较小,如"欧美同人展"是以欧美地区影视剧、动画为主题的同人展,"东方同人展"是游戏《东方 Project》的同人展。还有些主题同人展会冠以"XXX ONLY"的名义举办,如"运动番 ONLY"是面向所有体育运动题材动画、漫画作品的同人展,"灌篮高手 ONLY"是围绕漫画/动画《灌篮高手》的主题同人展。

二、演出、赛事

如果你曾经参加过演唱会、音乐会、粉丝见面会、体育赛事等活动,那你一定会对现场摆放的或者粉丝佩戴、手持的制品有印象,这些便是所谓的"应援物"。为了表达对偶像、作品的喜爱和支持,粉丝会自行或请人绘制、设计相关图案,以自费或众筹的形式制作周边制品带到演出、赛事现场。具体如摆放在会场门口的 KT 版立牌、旗子、插着牌子的花篮、横幅,还有手提袋、扇子、手幅、挂件、贴纸、卡片等。在演出、赛事举办前后,粉丝会互相交换或无偿赠送给入场观众周边制品,并与制品合照;在活动过程中,粉丝会举着这些周边制品在座位席上挥动,同时进行合影留念等。

第三节 更为社交化、仪式化的受众互动

一、社交化

与线上发布相比，线下渠道作为线上自我表演的延伸，粉丝文本流通的社交功能更强。粉丝生产者在线下与其他粉丝交换作品过程中产生的互动更为直接、更偏向于真人社交，特别是面对面交流带来的即时反馈，能让粉丝生产者、粉丝消费者都获得情感满足，从而进一步加深对所属圈子和群体的身份认同感。

受访者"星星"表示："我觉得交换应援物也是线下追星非常重要的一部分。一是为了表示自己对爱豆的支持，可能有的时候也是为了互相比拼、攀比一下，比如，谁家（粉丝）发的应援物最多，或者谁家（粉丝做的）应援物最受欢迎。二是对追星的人来说，你带着一些东西过去，再带着别人给的东西满载而归，大家互相交换各种创意、心意，其实也是一件特别快乐的事情。"

不仅如此，在粉丝生产者之间，也存在"偶像和粉丝"的关系，能力强的粉丝生产者及其优质作品，会得到其他粉丝同好的认可和追捧，获得比较高的圈内地位。特别是在展会上，知名粉丝生产者及其作品的出席往往具有号召力，能聚集更多的粉丝参与展会。

一般我去(同人展)的话都是奔着作者去的。如果只是想买制品,我一般走网上通贩。线下的话就是想去见见作者,有时候是去给他们表达爱意,有时候会给他们写封信或者送礼物。去漫展要付门票钱、付车费,还要花时间,最终目的当然是去见作者。(受访者"小朱")

二、仪式化

随着线下文化产品展会、演出的举办规模不断扩大、机制不断成熟,粉丝文本的交流也日渐常态化,粉丝之间的制品交流越发成为一种仪式化行为。

笔者加入了多个同人展会的"游客群"进行观察,发现这些 QQ 群内基本上都建有"无料交换(即'免费交换')"相册,粉丝主动将自己会带到展会现场的实物制品照片上传到相册中,并提示感兴趣的粉丝届时可以到现场交换。在一些演唱会的举办前夕,演唱会举办地的粉丝会临时集结成合作小组,分工协作设计、制作、宣传实物制品,并提前搬运制品到场地、向观众发放等。

受访者"小 J"告诉笔者,她待过的许多粉丝圈基本都有参加演出、展会前准备实物制品的习惯,"现在去参加同人展前,大家基本都会习惯性地做一些自推的无料和其他同好交换,类似'伴手礼'。做得很好玩的会被拍照发到微博上,很有成就感"。

受访者"星星"说:"粉丝之间相互交换(的行为)我觉得还蛮友好的,

因为这个相当于一个固定环节,到了活动现场,大家可能在开场前的一段
时间都会处于发应援物的状态中。"(见图 7.1)

图 7.1 受访者"星星"订制的同人制品亚克力摆件

(图片来源:受访者提供)

第八章　粉丝文本再生产与发布之后

第一节　情绪满足与再生产的继续

粉丝完成对一个文本的再生产和发布后,就进入了下一个环节的选择:继续创作或放弃。其中继续创作又面临着是否变换创作形式或变换创作主题。但归根结底,粉丝是否继续创作,本质上还在于这个行为能否为他们带来乐趣。部分粉丝的创作动力还与经济收益直接关联。

一、持续的动力:他人的肯定与影响

粉丝是否继续创作的关键,在很大程度上受到他人的影响。一类是他人的肯定与赞赏带来的自我认同,激励着粉丝继续生产和发布作品。这也是观展/表演范式中个体通过自我和他者的认同获得自恋,进行循环参与表演的原因。

（作品发布后）看到有趣的评论或反馈会有继续画下去的想法，相反，如果完全没反应，多少会失落觉得没意思……以前年轻时很在乎，现在看得轻了，但是其实还是会在乎，如果不在乎就不会发布了，直接放硬盘里不就行了。（受访者"Muh"）

"塔塔""团猫"等多位受访者也表示，自己发布的优秀作品被其他粉丝夸奖，成为粉丝圈内"大大"的感觉相当良好，这也是促进他们继续创作下去的动力。相应地，其他粉丝的建议也可以帮助粉丝生产者改进作品或者由此激发新的创作灵感。

受访者"星星"表示，自己设计制作的同人实物制品带到滑冰比赛现场赠送给其他粉丝后，不仅其他粉丝很喜欢，也被赛事官方节目拍摄了进去，这让她很有成就感，觉得自己的创作获得了认同。

还有一类是粉圈内朋友的持续影响，比如，所处社团的成员都在创作形成的热切氛围；也有粉丝特地给自己拟定创作计划表，目标是每隔一段时间要完成一幅作品并发布，让粉圈朋友督促；还有所谓"冷门圈"带来的"使命感"，即某部作品、某个角色的粉丝作品很少，圈内其他粉丝会希望并催促有创作能力的"大大"多"产粮"[1]，粉丝生产者也会因此觉得身负重任、应该继续创作下去。

随着近年来各类创作平台不断加大对用户创作的鼓励，播放量、阅读量、点赞量也在某种程度上成为衡量作品受欢迎程度的指标。一些粉丝

---

[1] 产粮：粉丝圈内说法，即创作文本。

生产者为了追求更多的流量，以提升圈内影响力、获得创作收益，也会持续生产更多的作品。

二、持续的关键：创作对象的吸引程度

决定粉丝是否继续围绕某个主题进行文本创作，也受到创作对象吸引程度的影响。粉丝的兴趣能保持多强、延续多久因人而异，难以具体描述。不过可以肯定的是，在信息爆炸的年代，每天都有成千上亿的新媒介文化产品诞生，同时，作品的完结、演员的退出、商品的停产以及粉丝个人生理和心理上的变化，文化产品消费者的注意力基本很难长时间保持在某一个对象上。越是优秀的作品，越能激发粉丝持久的创作热情。

> 我待在某个圈子里的过程，就是思考我到底想在我喜欢的对象上表达什么。在我把对某个角色的感情很满意、很完整地展现出来后，这个圈子对我的意义就不大了。（受访者"小夜"）
>
> 对我来说，原作水平不上不下的容易有同人，太完美的不必搞，太不行的不想搞。所以要持续"产粮"，得先找到适合创作的作品。（受访者"白熊"）

不过更多的情况是粉丝同时喜欢多种对象，只是不同时期投入的精力有所差异。粉丝铭记于心的各个创作对象，已经成为具有不同符号意义的文本素材积累，为未来新的拼贴和创作服务，如将自己儿时喜欢的电

视剧角色放到当今的流行文本中进行再创作、把国内文学作品的人物放到国外文学作品场景中再创作等。正如德塞都和詹金斯形容的,粉丝具有"自由漂浮"的"游牧民"特征——更多的粉丝将单部影视剧系列作为进入一个更广阔的粉丝社群的起点,并把各种节目、电影、书籍、漫画和其他通俗材料连接成一个互文性网络,永远处于运动中。①

三、持续的表现：不断提升创作能力

粉丝还会将很大的热情投入精进个人创作能力中,不断学习和钻研某一领域的技能,并从其他粉丝的优秀作品里吸取经验,以达到自己对所爱作品的生产要求,或者维持个体在粉丝创作圈中的地位。

> 其实在每个圈子里,写手门槛相对较低,而且一个文写得好不好要看下去才知道。但是像我们这种P图的就不行了,P图一眼就能看出你P的好不好看。(受访者"黄咩咩")

在受访者"黄咩咩"眼里,不同类型的创作形式门槛存在差距,获得受众认可的难易度也有区别。对她而言,受众对图像类的作品要求更高,这也是她在已经熟练掌握制图和视频剪辑技术的情况下,一直无法自我满足并继续学习各种新技术和教程、提升自我创作能力的原因所在。

---

① 詹金斯.文本盗猎者:电视粉丝与参与式文化[M].北京:北京大学出版社,2016:34.

有的粉丝还会向有专业背景的人寻求建议和帮助。

　　高中的时候会把草稿拿给朋友,请朋友帮忙评价,一开始会收到很多很多修改建议,到后面就基本没有意见、建议了。后来因为有专业老师,偶尔也会拿给专业老师看……大学的时候也选修过科普文章写作,那个老师很喜欢写作,我偶尔也会问他意见,刚好跟他喜欢的风格相近,所以有话可聊。(受访者"佐伯光")

第二节　负面反馈:争吵、道德与法律争议

当然,粉丝文本再生产行为带来的绝不只有正面的反馈,粉丝再生产内容引起的观点分歧、道德争议、版权争议,可能对粉丝生产者、粉丝消费者、原作方以及整个创作圈产生不同程度的负面影响。

一、粉丝之间的观点分歧和争吵

喜欢 A 角色和 B 角色在一起,而不是 A 角色和 C 角色在一起?
觉得二次创作应该遵循原作对人物的性格塑造,而不是自行改动?
认为某个配角比原作中的主角更适合当主角?
……
在阅读、观赏某部作品的时候,不同的受众会对作品内容产生不同的

理解。建立在不同理解的基础上,粉丝对作品进行二次解读和创作时,生产的粉丝文本内容往往带着强烈的个人偏好。粉丝文本在发布后,会吸引其他粉丝前来阅读、观赏,自然而然地也会产生对作品的不同观点。

理想的粉丝文本交流应该是在互相尊重彼此观点的基础上求同存异。然而,随着粉丝文化、同人文化受众群体的急速扩张,在当前的互联网上,一些不和谐的声音也越来越多。有的以不礼貌的语气指点他人的作品,有的因为粉丝文本中的剧情设置、角色关系而暴发争吵,更有甚者直接演变为人身攻击、人肉搜索和互相举报,导致粉丝圈内创作氛围被严重破坏,粉丝生产者无法继续创作。

> 掐 CP 过多的行为真的很烦,比如,《名侦探柯南》《咒术回战》等作品,关于角色之间配对的吵架尤其多。大家喜欢的东西不一样,萝卜青菜各有所爱,不喜欢可以不看,有的人非要对别人辛辛苦苦写的文章指手画脚,把自己的观点强加到别人头上,拉帮结派到评论区刷屏。心理强大的太太还会和他们对骂,心理脆弱一点的太太直接就删文甚至退圈了,真的很可惜。(受访者"小 J")

在无差别同人站、LOFTER 等平台上,有粉丝自发整理了关于同人圈礼仪的基本指南,里面列出了一些粉丝生产者、粉丝消费者在内容发布、互动交流中要注意的行为。比如,建议粉丝生产者在发布的作品上标注相关内容标签、对文中可能出现的不适内容在开头进行预警;建议粉丝消费者不要发布与作品无关的评论,如果不喜欢某作者的作品请使用屏蔽功能,不要上升到人身攻击;等等,这些约定俗成的规则,在一定程度上维护了粉丝创作圈的氛围,但粉丝是否愿意遵守和实践,也取决于各人的自觉性。

二、粉丝文本的道德和法律争议

1.真人题材创作、特殊内容带来的争议

自由创作的粉丝文本内容天马行空,其中不乏一些含有猎奇、暴力、性等内容的作品,还有一些粉丝文本以实际存在的人物如演员、歌手、运动员等为原型进行创作。这类粉丝文本相比其他题材更容易产生道德和法律争议。

2020 年 2 月中旬,一位网名为"迪迪出逃记"的粉丝分别在微博、AO3、LOFTER 上发布了关于国内演员王一博和肖战的同人文《下坠》,文中将肖战刻画成一名具有性别认知障碍的青年,将王一博刻画成一名未成年高中生,并描写了两人的恋爱场景。许多肖战的粉丝阅读后认为该文章"侮辱"了他们的偶像、配图侵犯了肖战的个人隐私权与肖像权,内容还涉及淫秽色情,于是集体向国内执法部门举报,要求相关平台对《下坠》一文进行处理。

2020 年 2 月 27 日,因肖战粉丝的举报,LOFTER 大量文章被锁、AO3 网站无法在国内正常登录,许多粉丝生产者、消费者认为肖战粉丝的行为影响了创作自由,反对肖战粉丝举报创作平台,和肖战粉丝持续在互联网上争论,并对肖战的影视作品和商业代言进行了抵制。该事件也被称为"227事件"。以"227事件"为原点,社会各界展开了关于粉丝文化、同人创作的探讨,特别是"能否围绕真人开展创作""以现实真人展开的同人创作是否会侵犯当事人权益"等问题,也成为舆论界持续关注的焦点。

关于粉丝文本涉及的猎奇、暴力、性等内容,一些网络平台进行了专门的标签警示和分级限制,这便于不同类型的粉丝消费者选择适合自己阅读或观看的作品。比如,AO3就有比较完善的分级(ratings)、分类警告(archive warnings),供粉丝生产者发布前选择。在分级方面,AO3有未分级(no rated)、全年龄(general audiences)、青少年及以上(teen and up audiences)、成人级(mature)、限制级(explicit)五种;在分类警告上有不使用分类警告(choose not to use archive warnings)、暴力场面描写(graphic depictions of violence)、主要角色死亡(major character death)、无适用的分类警告(no archive warnings apply)、强暴/非自愿(rape/non-con)、未成年性爱(underage)六种。而国内平台采用分级制度的很少,基本是一刀切,成人向内容无法直接发出,或者粉丝使用加密处理、站外链接等才可发出。

2.版权争议

(1)原作方与粉丝生产者之间的版权争议

正如第二章中提到的,粉丝文本再生产普遍处于灰色地带,粉丝的二次创作本身即存在对文化产品原作的挪用,但由于该行为过于普遍,很多时候取决于版权方的态度,是追究、冷处理还是鼓励,因不同版权方而异。

国内学者孙磊在《日本"同人作品"的法律保护》一文中分析了日本原

作方对非官方"同人"提起侵权诉讼直接案例较少的原因[①]:第一,日本作为二次元大国,各公司非常重视粉丝的感受,而"同人"作品绝大部分来自粉丝,对于粉丝的制作或者小范围销售行为,各公司持观望态度,担心提起诉讼会造成粉丝群体的负面评价;第二,日本公司对纯粹的店铺制售行为会以刑事手段打击,但对粉丝行为连提起民事诉讼都非常谨慎,更不要提刑事诉讼;第三,日本公司在处理原作品与"同人作品"关系上比较积极,如果同人作品销售范围小,那么也不会对原作品产生伤害,出于粉丝情感维护,基本不会去主动打击;如果同人作品广受好评,那么原作品的公司会主动与该同人作品协商,变成"官方指定同人作品",公司协助发行并获益;第四,即便进行诉讼,胜诉与否并不确定,一旦权利人败诉,就相当于打开了"潘多拉的盒子",而目前这种"不确定"的模糊状态,作为同人创作者也会比较小心谨慎,尽量保持在可控的范围内。

国内的粉丝二次创作生态圈发展历史与日本相比较为短暂,国内公司对于如何处理与粉丝的关系明显还处于探索阶段。部分公司会直接借鉴国外的做法,在鼓励粉丝进行二次创作的同时,公开发布二次创作的基本规则,划清界限。比如,2019 年国产电影《罗小黑战记》在其官方微博号的置顶内容中发布了同人创作的要求(见图 8.1)。

在电影宣传期结束后,电影《罗小黑战记》官方微博将该账号作为同人分享平台,由此可见原作方对同人的支持态度。

《剑网 3》官方根据同人作品"是否营利、营利规模",于 2020 年 5 月发

---

① 孙磊.日本"同人作品"的法律保护[J].中国版权,2020(6):3.

电影罗小黑战记

2019-11-4 来自 专业版微博 已编辑

（●罗小黑战记TV更至40集，电影2制作中。

（●番外漫画《蓝溪镇》每月两更。

结束营业后的电影官博君主要用作同人分享，尊重作者们的创作自由，但官博不会转发非官配的恋爱配对同人。

第二部电影宣传会再做电影官博使用，不喜欢同人的同学可以取关，关注@罗小黑CAT 收看官方更新即可。谢谢大家~

①罗小黑战记全系列不开放同人周边贩卖，自产可，送人也可，但不可做为任何商业用途的赠品，不可产生盈利。

②罗小黑战记全系列开放同人本授权。可有赠品，但赠品不可作为商品单独销售，且不可抬高本子价格合理范围。

（常见问题补充）
只要作者愿意，全系列开放私人约稿。
同人可以用于参加有奖活动或接受打赏。
同人不可用于商业活动与宣传。摊宣除外。

同人图是作者的无上幸福，感谢大家的喜爱>.<
这段时间真的太幸福了~~希望大家也很开心~~

图 8.1　电影《罗小黑战记》在官方微博上发布的同人创作规范

（图片来源：微博@电影罗小黑战记）

布了针对不同需求的同人创作指引和行为守则①。其定义的非营利性同人创作指的是在同人作品发表、传播过程中仅进行展示、播出、演出，不涉及作品售卖、商品宣传、会员权益等收费行为，要求这类作品在发布和传播时须标注来源为《剑网3》的署名规则。而小规模营利的同人创作指的是作者不以营利为核心目的，产能有限、销售数额有限的衍生品售卖。这

---

① 剑网 3 同人作品创作指引发布，商业授权通道同步开通［EB/OL］.（2020-05-11）.https://weibo.com/2591023580/J1qWz8l5z.

类作品中,由出版社正式发行、有正版版号的同人音像或出版物须提前获得《剑网 3》授权,在漫展等线下活动售卖的小型相关制品总价值不超过 1 万元的无须向作品官方申报,面向网络公开销售、产量有限的衍生定制品也须以店铺为单位向官方申报获得授权。同时,《剑网 3》官方也表示不会对已报备的同人创作者收取费用或分成。

(2)粉丝生产者与其他主体之间的版权争议

对粉丝生产者而言,当前侵犯同人作品权益的行为也屡见不鲜。粉丝生产者在网络渠道发布作品后,一些无良商家未取得粉丝生产者的授权,直接以其创作的内容盗印实物制品营利;还有一些未获授权的网络营销账号直接转载同人作品博取网络流量。为此,许多粉丝生产者会在自己创作的图片打上个人水印或"禁止转载""禁止商用"等标识,但也无法完全防范类似现象的发生。

不仅如此,随着近年来人工智能(artificial intelligence)技术的发展,AI 作图、AI 合成软件的使用越来越普遍。这些软件利用机器学习和深度学习等技术,通过学习现有的图像数据,生成新的图像。有的人运用 AI,将许多艺术家、画师、粉丝生产者的作品融合拼接,生成新的图片作为原创作品发布,以假乱真,在艺术圈、同人圈引发了巨大争议,这对花费大量时间一笔一画亲自绘图的创作者而言,无异于赤裸裸的侵权行为。

2023 年 3 月,网易 LOFTER 平台推出了一个名为"老福鸽画画机"的 AI 绘画功能,用户只要输入关键词和作画要求,平台就能生成一张头像图片。该功能上线不久后立即引起了平台用户的质疑。作为一个立足于内容原创、鼓励用户创作的网站,AI 绘画功能是否使用了平台内原创者的作品来"喂食"AI 成为质疑焦点。许多创作者纷纷注销 LOFTER 账号、在社交媒体发文,对该功能表示强烈抵制。随后,LOFTER 道歉并下架了该功能,承诺从未将用户作品数据用于 AI 训练,并将针对平台中的 AI 内容增加更多的管理细则,如禁止 AI 生成内容以"原创作品"形式发布、上线平台作品反 AI 爬取功能、做好 AI 内容与原创作品的区分等,该事件也由此告一段落,但 AI 对原创的伤害正以不可挽回的态势在全球范围内迅速扩大。

针对创作者利益受到侵害、创作者作品在未经许可的情况下被爬虫程序等肆意收集,还有网站上出现大量 AI 生成作品的问题,pixiv 在 2023 年 5 月先后发布了《关于 AI 生成滥用问题以及应对措施的报告》《pixiv 约稿针对 AI 生成作品的今后应对措施》。该平台表示将采取措施,禁止反复多次投稿模仿特定创作者作品风格的行为等,并加强对此类行为的打击力度;导入全新监控系统,对恶意滥用 AI 技术影响他人创作、发布儿童色情内容、抄袭剽窃等行为进行监督管理;优化现有的"AI 生成作品标识"及以此为基础的过滤功能、禁止 AI 生成作品约稿等,保护创作者权益。

从未授权转载、盗印,再到 AI 爬取作图,粉丝生产者、粉丝文本面临的被侵权问题日益成为业界、学界关注的焦点,关于同人作品著作权的保护也有待进一步探索和完善。

第九章　粉丝文本再生产与发布的实例研究

——从两个视角看同人圈创作的真实生态

第一节　从 IP 视角切入

——以 TYPE-MOON 系列作品的发展历程和相关同人创作为例

什么样的文化产品更能吸引粉丝参与创作？文化产品官方和粉丝之间在二次创作方面的理想互动应该是怎样的？笔者从 IP 视角切入，选取日本经典 IP——TYPE－MOON 系列作品为例，介绍该 IP 以同人发家、在同人裨益下持续壮大和保持长青的发展历程，以及该 IP 粉丝在二次创作、同官方互动方面的特色生态。

一、TYPE-MOON 简介

TYPE-MOON（日文为タイプムーン，国内俗称"型月"）原是一个成

立于 20 世纪末的日本同人社团①,其核心成员为画师武内崇和剧本家奈须蘑菇。2003 年 4 月,该同人社团解散,正式转型商业化,组建了 Notes 有限公司(日文:株式会社ノーツ),并将"TYPE-MOON"设为该公司旗下的一个商业品牌。由于 TYPE-MOON 之名的深入人心,Notes 成立后,粉丝圈仍将该公司旗下的相关作品称为型月系列作品。

型月自同人社团时期至今,推出了众多小说、游戏、漫画、动画作品等,知名作品如《空之境界》《月姬》《魔法使之夜》以及 Fate 系列等,其中《月姬》被海内外粉丝称作"日本同人三大奇迹"之一。依托独特的世界观、精彩的剧情和人物刻画、兼容并蓄的合作形式、持续不断的内容更新等,型月系列作品 20 余年来一直保持着强大的生命力和号召力,被翻译成多种语言在世界各地发行,并吸引了许多专业人士、业余爱好者持续参与型月作品的官方创作及二次创作,为 IP 注入动力。

二、TYPE-MOON 作品与二次创作

1.庞大的作品体系:提供丰富的文本素材

20 多年来,型月持续不断地推出新内容,打造了许多知名子 IP,形成了庞大的、跨媒介、多语言的作品体系。

根据型月官方网站②发布的作品列表,截至 2023 年底,型月已推出

---

① 此处的同人社团指的是有相同志向的创作者组成的群体,一起自主创作不受商业影响的作品。

② http://typemoon.com/。

游戏(含单机游戏、手机游戏等)18 部、动画(含电视动画、原创光盘动画、动画电影)13 部、书籍(含官方及关联小说、漫画、插画集、设定集等)44 部,此外,还有一系列衍生的线下舞台剧、音乐会等。其中仅手机游戏 Fate/Grand Order 便有累计数百万字的剧情内容。型月累积的庞大的作品体系也被其爱好者称为"型月世界"或"型月帝国"。

　　型月作品具有鲜明的跨媒介属性,随着作品的发展和时代的变化,其内容登陆的平台也在不断增多,作品链持续延伸。例如,《空之境界》最早为 1998—1999 年连载的网络小说,后形成同人志,2004 年正式出版,2007—2013 年陆续被改编为 10 部动画电影在影院上映,2013 年被制作为 13 集的电视动画播出,除此以外还有漫画出版。从文字到图像、影像,从线上到线下,从网络媒体到传统媒体,《空之境界》的内容于十余年间在多个媒介平台进行不同演绎,覆盖了不同媒介、不同偏好的受众。

　　与此同时,越来越多的型月作品以多语言版本在全球发布,世界各地的爱好者都能够无障碍地消费相关内容。例如,Fate/Grand Order 自 2015 年在日本首次推出以来,陆续被翻译成多国语言,在亚洲、欧洲、美洲、大洋洲的众多国家和地区上线。2023 年 10 月,型月联合光荣特库摩游戏公司推出的单机游戏 Fate/Samurai Remnant(《命运/武士遗迹》)同时推出了简体中文、繁体中文、英语、日语、韩语版本,并在 PlayStation 4、PlayStation 5、Nintendo Switch、Steam 游戏平台上登陆,各地粉丝爱好者能够在同一时间点同步消费文本内容,在社交网络上集聚了大量的讨论和二次创作热潮。

2.可延展的作品世界：为二次创作开辟空间

和知名的漫威、迪士尼以及金庸武侠等 IP 一样,型月也有自己的"型月世界"或称"月世界"——星球与宇宙,人类与吸血鬼、精灵,魔法与魔术……天马行空、复杂有趣设定,构筑起了令人无限遐想的世界观。同时,型月旗下多部作品的背景设定、人物关系是共通和相关联的,故事版图之间能够衔接在一起。

型月作品中最为粉丝生产者津津乐道的便是 Fate 系列作品。2004年,型月在商业化后推出了第一部作品——视觉小说游戏 Fate/Stay Night(《命运之夜》),描写了当代魔术师召唤历史人物"英灵",联合争夺圣杯以实现各自愿望的故事,登场角色包括古代不列颠的亚瑟王、美索不达米亚神话的吉尔伽美什、凯尔特神话的库·丘林以及希腊神话的美杜莎、美狄亚等,不同国家、不同时代的历史人物出现在同一个故事里,或对立,或合作,演绎了"关公战秦琼"的场面。

Fate/Stay Night 大获成功后,型月 Fate 系列在 20 年间又陆续推出了 Fate/hollow ataraxia(《命运/虚空明镜》)、Fate/Zero(《命运/零点》)、Fate/EXTRA(《命运/异章》)、Fate/EXTRA CCC(《命运/异章 CCC》)、Fate/EXTELLA LINK(《命运/创世连接》)、Fate/Prototype 苍银的碎片(《命运/原型 苍银的碎片》)、Fate/Apocrypha(《命运/外典》)、Fate/strange Fake(《命运/奇异赝品》)、Fate/Labyrinth(《命运/迷宫》)、Fate/Grand Order、Fate/Requiem(《命运/安魂曲》)、Fate/Samurai Remnant、Fate:Lost Einherjar 极光的亚斯拉琪(《命运/失落英灵 极光的亚斯拉琪》)等作品,登场的英灵覆盖了世界各地古今神话传说、历史、文学作品中的人物,如

秦始皇、福尔摩斯、迦尔纳、比利小子等,在已有的"圣杯战争"设定的基础上不断推陈出新。从某种程度上而言,Fate系列本质上也是对神话和历史人物的二次创作。

对喜爱二次创作的粉丝生产者而言,Fate系列的世界观和人物设定具有很大的创作空间:其一,Fate系列首先拥有精彩的剧情基础,人物塑造丰满,不少具有开放式结局,尤其是一些英灵重生后仍旧未能完成生前夙愿的剧情走向,激发了"意难平"粉丝的创作欲望;其二,Fate系列运用历史人物的知名典故进行改写,粉丝在理解和接受上比原创角色更容易一些,反过来也便于粉丝续写和创作;其三,不同国家的粉丝还可以结合其所在地和熟悉的历史人物,套入"圣杯战争"的模式,畅想角色间的互动,写出全新的作品。

例如,国内Fate系列作品的粉丝已连续多年在微博上举办"Fate/Weibo"(简称FateW)同人创作活动。该活动基于Fate系列作品的世界观,以"圣杯战争"为背景,擅长写文章的粉丝和擅长画图的粉丝可两两组队报名,围绕每届主办者提供的命题在线上开展多轮创作比赛。笔者从"FateW2022企划"[①]"FateW2023企划"[②]的微博主页中看到,2022年该活动将创作的背景设置为未来的北大西洋虚构岛屿,2023年则设置在2020年、2120年的英国,参赛者可以选择小说、插图、视频等各种各样的形式开展创作,并在微博上发布。同时,该活动也制订了多条明确的参与规则,如创作的角色设定需要符合Fate世界观基本准则,禁止直接描写

①　"FateW2022"企划官方微博:https://weibo.com/u/7793800796。
②　"FateW2023"企划官方微博:https://weibo.com/u/7877640816。

或描绘任何 Fate 系列原作的角色与事件或直接使用官方作品中的人物形象,禁止使用非参赛者原创的角色设定(如拍卖人设、约稿、AI 作画)等;每届参赛人数上限为 48 组(96 人)。

3.明确的二次创作规范:将争议保持在可控范围内

以同人社团起家的型月,早在 2003 年前后就对粉丝二次创作进行了明确的规范,在保护自身相关权益的同时,也保护了粉丝创作的积极性,将可能出现的争议保持在可控范围内。

从型月同人时期的网站①上可以看到最终更新于 2003 年 7 月 8 日的《二次创作相关须知》,主要有六部分内容:

①关于图像:禁止通过数据提取、扫描仪导入等方式使用 TYPE-MOON 作品内的图像,如是个人使用的话则没有问题,但禁止转发给第三方。二次创作者可以 TYPE-MOON 作品中使用的图像为主题自行创作图像。

②关于剧情:禁止对 TYPE-MOON 作品的剧情内容进行长文引用(包括在二次创作中将剧情改为剧本、翻译成其他语言等)。引用 TYPE-MOON 作品剧情中的一句话,或者二次创作者根据剧情内容进行二次创作、自行开展写作则没有问题。

③关于音乐:禁止通过数据提取或录音等方式使用 TYPE-MOON 作品内的音乐。通过耳记的方式记录 TYPE-MOON 作品

---

① TYPE-MOON.二次创作相关须知[EB/OL].(2003-07-08).http://www.typemoon.org/main.html.

内的 MIDI 音乐数据，或者二次创作者根据作品音乐进行再编曲则没有问题。

④关于立体化：允许以 TYPE-MOON 作品内图像为基础进行立体化物品制作。如果要在包装等印刷物上使用作品相关图像，请参照上文"关于图像"的规定。另外，在特殊活动等需要许可的场合下，请按照活动的规则进行咨询。

⑤关于 Web 素材：提供部分图像作为粉丝主页使用的素材，但请勿直接在图像上粘贴链接、禁止过度的尺寸调整或加工、禁止使用提供的图像以外的 TYPE-MOON 主页上的图像。关于在 Web 上的图像使用，以"关于图像"的规定为基准。作为例外，可以使用通过截屏功能获取的活动图形以外的游戏画面图像（立绘等），但是使用时和提供的素材一样，禁止过度的尺寸调整和加工。另外，使用时请在使用图像的内容内记述"图像权属 TYPE-MOON""本页图像得到 TYPE-MOON 的许可后刊登"。

⑥其他：禁止企业以营利为目的进行二次创作。关于以上准则，有可能在没有预告的情况下进行追加或修改。

该告知页面的最后附上了这样一句话："大家创作的同人志或者粉丝主页是对型月最大的鼓励，为了今后也能和大家良好相处，请大家在遵守规则的基础上享受创作的乐趣。"这也表达了型月最开始对二次创作的态度。

2021 年 8 月 25 日,型月对二次创作相关指南进行了修订[①],从素材使用、同人制品等方面明确了更为与时俱进的规范,将标识使用、包装装订、视频发布等纳入其中,并对画像和影像素材的使用、立体物制品的制作和发布等做了更严格的限制。不过在鼓励二次创作方面的原则几乎没有变化。

1.关于作品中的素材使用:

①画像、影像

禁止通过复制、导入的形式使用 TYPE-MOON 作品的图像和视频。但是出于介绍作品、表达感想等目的的的引用行为当然是没有问题的,参考 TYPE-MOON 作品内的图像绘制新的图像也没有问题,但禁止描图。

②标识、装订:

禁止直接使用 TYPE-MOON 作品的标识、图标、符号等,或制作、使用与之接近的任何东西,也禁止制作、使用与 TYPE-MOON 作品或与 TYPE-MOON 作品关联商品类似的装订或包装。

③剧情:禁止原封不动或以任何超出引用范围的方式在剧本或小说中直接使用 TYPE-MOON 作品的剧情。该方面同样适用于在日语之外其他语言的翻译文本中。在基于 TYPE-MOON 作品剧情或世界观基础上二次创作小说,或者在有限范围内引用一部分剧情

---

① 著作权相关[EB/OL].(2021-08-25).http://typemoon.com/copyright.

则没有问题。

④音乐、音声：禁止通过复制、导入等方式使用本游戏中的音乐、音声。

⑤视频发布：为了让大家更好地享受游戏内的剧情，请不要超过"①画像、影像"规定的范围在视频网站上公开发布 Fate/stay night、Fate/hollow ataraxia、《魔法使之夜》、《月姬-A piece of blue glass moon-》作品的内容，感谢大家的合作。至于其他 TYPE-MOON 相关作品，请依各作品的规则为准。

2.制品相关：

①同人志和同人游戏：请在对照上文"关于作品中的素材使用"基础上进行同人志、同人游戏的制作和发布。

②同人制品：禁止出于商业目的制作、发布同人制品，或进行明显超出"同人活动"范围的同人制品制作行为。

③立体物：禁止基于 TYPE-MOON 作品图像，制作和发布 TYPE-MOON 作品内出现的角色、模型等立体物制品。特殊活动请结合当日版权规定，根据各活动运营规则开展操作。

4.兼容并蓄的合作形式：鼓励更多优质作品的诞生

由最初的武内崇、奈须蘑菇等寥寥数人，再到如今多位专职作者参与，还有知名作家、漫画家担任客座作者，型月的内容创作团队不断扩大。在型月的创作团队中，也有一些人是由粉丝生产者转变而来的。

《藤丸立香想不明白》(《藤丸立香はわからない》)系列漫画和动画就

是其中一个典型的例子。该作品是围绕 Fate/Grand Order 游戏创作的衍生作品,最初在网络上以漫画形式连载,后出版为书籍,并在 2022 年改编为动画,由作者槌田一手包揽导演、编剧、分镜、角色设计、作画监督等角色。关于该作品的诞生和发布,槌田在 Fate/Grand Order 日服八周年活动现场①受访时提到:

> 原本我只是作为一个玩家在享受这款游戏,个人爱好是画插图、画漫画,在网上发布一些粉丝作品,还有私下制作一些同人本。后来角川书店的编辑来联系我,我一开始还以为是诈骗,感到有点害怕,但还是去见了面。去到现场后,那桌子上摆满了我私下出的同人本,业界相关人士把我的同人本全都翻了一遍,意思是只要我点头同意,马上就可以连载出版……还说型月的武内崇社长也同意了,一过去就全都拍板定好了,把我吓到了……Fate 内部也有很多同样经历的作家呢!

不仅如此,Fate/Grand Order 游戏内的角色立绘、插图等还采用约稿形式,邀请专业粉丝爱好者参与官方内容的创作。例如,国内插画师"STAR 影法师"常在微博、X 等平台上发布 Fate 系列相关同人作品,并制作了许多同人志。凭借优秀的创作能力,自 2018 年起,她多次参与

---

① 以下文字由笔者根据视频整理,原视频见《谜丸作者介绍进入型月的缘由》:https://www.bilibili.com/video/BV1ch4y1C7UC/? spm_id_from = 333.337.search-card. all.click&vd_source=5c20f8c99e53b2697cef530a2c297097。

Fate/Grand Order 游戏内插图、角色的设计以及官方制品、线下活动主视觉图的绘制，由此从一个粉丝生产者变为官方合作作者（见图 9.1）。

STAR影法師 👑

18-12-8 17:28　来自 iPhone客户端

「Fate/Grand Order Orchestra Concert performed by 東京都交響楽団」のイラストを担当させていただきました！ CDタイトルの発売日や公演日等、詳細な情報は公式サイトのニュースにてご確認ください～

🈳 隐藏翻译 翻译来自阿里云

担任了 "Fate/Grand Order Orchestra Concert performed by东京都交响乐团" 的插图!CD标题的发售日和公演日等，详细的信息请在官方网站的新闻确认～

↗ 2530　　💬 242　　👍 7017　　　　　⤳ 分享这条博文

图 9.1　"STAR 影法師"绘制了手游 Fate/Grand Order 线下活动主视觉及 CD 插图

（图片来源："STAR 影法師"的微博）

此外，型月官方经常在线上、线下开展同人创作比赛或征集活动。如在 pixiv 平台上，Fate/Grand Order 已举办多届有奖插画比赛，为获奖者提供官方周边、入选画集出版、线下活动展出等奖励。

各个国家和地区的型月游戏运营方也会在当地举办二次创作征集活动。如 2023 年底至 2024 年初，Fate/Grand Order 游戏国内运营方哔哩哔哩举办了"迦勒底万能美术馆"征集活动，粉丝在专题页面上投稿后，其绘制的作品即可在"虚数展厅"的网页中进行线上展览。不仅如此，在

2024 年 1 月举办的"Fate/Grand Order FES2024・广州"活动上，该征集活动还选取了 81 幅作品以电子屏幕、印刷复制画的形式在现场展出（见图 9.2），并在活动结束后，将印制出的复制画寄给每位作者作为留念。

图 9.2 "Fate/Grand Order FES2024・广州"活动现场的"迦勒底万能美术馆"专区

三、思考：粉丝文本再生产为 TYPE-MOON 带来了什么？

粉丝的文本再生产行为对 TYPE-MOON 这个 IP 而言，都带来了哪些影响？毋庸置疑，益处是占绝大部分的。

一方面，粉丝热情高涨、持续不断的二次创作，为 IP 带来了较高的话题讨论度和市场效益。据日本相关网站、网友的不完全统计[1][2]，自 2016 年 12 月举办的第 91 届 Comic Market[3]（简称 C91）至 2023 年 12 月举办的 C103，参展的型月系列同人作品社团数量连续 13 届保持在前十位，其中在 C93～C98 中连续排名第一。

据中国 COMICUP 主办方的统计，在近年来举办的 COMICUP 中，Fate 系列作品的数量一直保持在作品圈子排行榜的前十名（见表 9.1）。可以说，对型月作品的二次创作，在日本本土及海外多年来一直火热。

表 9.1　近年来 COMICUP Fate 系列作品数量及排行

届	举办年份	参展同人本总数量	参展 Fate 系列同人本数量	作品圈子排名
CP28	2021 年	10294	244	9
CP27	2021 年	7574	209	8
CP26	2020 年	4889	173	5
CP25	2020 年	7090	247	6
CP24	2019 年	5412	223	5
CP23	2019 年	4900	217	5
CP22	2018 年	4403	154	7

注：本表由笔者根据 COMICUP 微信公众号公布的数据进行整理；截至本书定稿前，2023 年举办的 CP29 数据仍未公布。COMICUP 仅对 Fate 系列同人本做了专门统计，不含其他型月作品。

---

① 萌娘百科.Comic Market 往届作品社团数统计［EB/OL］.https://zh.moegirl.org.cn/Comic_Market.

② 维基百科.Comic Market 往届作品社团数统计［EB/OL］.https://zh.wikipedia.org/wiki/Comic_Market.

③ Comic Market：日本乃至全球最大型的同人志售卖会，主要是动画、漫画、游戏、小说、"周边"的自费出版物的贩卖和展示。

移动应用数据分析公司 Sensor Tower 发布的《2023 年全球年收入超 1 亿美元的长青手游特征与趋势》报告统计，截至 2023 年 10 月，有 82 款长青手游连续 5 年全球内购收入超过 1 亿美元，型月旗下的 Fate/Grand Order 位列其中，在运营 8 年多的时间里全球累计内购收入达 71 亿美元。此外，近年来型月发行的多款单机游戏也高居日本游戏销量排行榜前列（见图 9.3）。

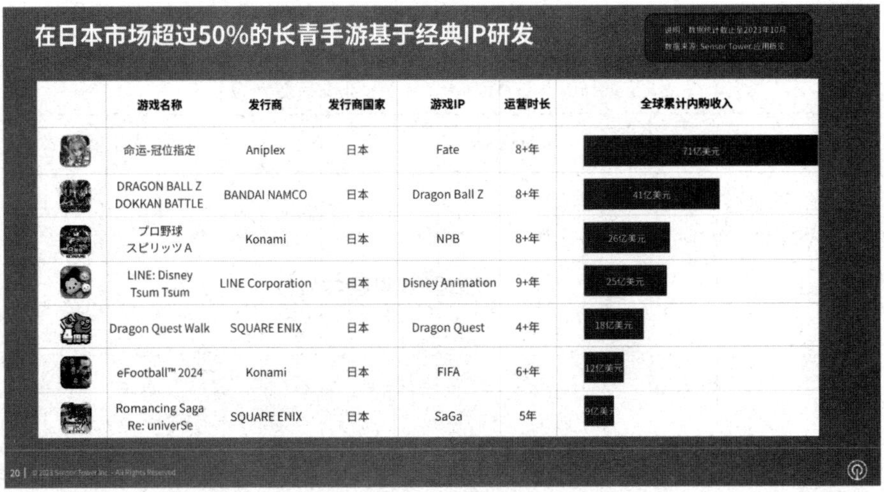

游戏名称	发行商	发行商国家	游戏IP	运营时长	全球累计内购收入
命运-冠位指定	Aniplex	日本	Fate	8+年	71亿美元
DRAGON BALL Z DOKKAN BATTLE	BANDAI NAMCO	日本	Dragon Ball Z	8+年	41亿美元
プロ野球スピリッツA	Konami	日本	NPB	8+年	26亿美元
LINE: Disney Tsum Tsum	LINE Corporation	日本	Disney Animation	9+年	25亿美元
Dragon Quest Walk	SQUARE ENIX	日本	Dragon Quest	4+年	18亿美元
eFootball™ 2024	Konami	日本	FIFA	6+年	12亿美元
Romancing Saga Re: univerSe	SQUARE ENIX	日本	SaGa	5年	9亿美元

图 9.3 日本市场的长青手游情况

（图片来源：Sensor Tower）

另一方面，型月官方于游戏内外对同人创作的鼓励态度在线上、线下维系着良好同人创作氛围的同时，也带动着粉丝一起为 IP 创造内容、丰富文本，进一步扩大 IP 的影响力。

在 Fate/Grand Order 游戏日服 2019 年、2023 年的夏季活动中，型月主创团队甚至直接在游戏里举办同人展会，让登场的角色们变成粉丝生产者,在剧情中组队写小说、画插画、创作同人本、开办同人展会等,让本就喜爱二次创作的玩家们感到亲切。

同时,在对国内外社交媒体平台的观察中,笔者发现型月的许多官方画师或者合作画师会在非官方合作场合,根据喜爱的型月作品剧情自行开展创作并发布到社交媒体平台上(见图9.4、图9.5),或制作不属于官方发布范畴内的同人志、同人制品在展会上售出,即从官方文本生产者又变回粉丝文本生产者。角色的转换,也从某种程度上向粉丝展现了主创团队中的个体对 IP 的重视和热爱。

图 9.4 Fate/Grand Order 合作画师"色素"在 X 上的非官方二次创作图

(图片来源:"色素"的 X 账号)

图 9.5　Fate/Grand Order 合作画师"槌田"在 X 上的非官方二次创作图

（图片来源："槌田"的 X 账号）

　　当然,在大量粉丝投入粉丝文本再生产的背景下,也可能出现一些对原作 IP 带来负面影响的情况。例如,一些粉丝将具有争议性的历史人物引入 Fate 世界的创作,或者将历史事件进行更为夸张的演绎,可能会让未曾接触该作品的普通观众听说后感到不解和抵触,进而可能带来一系列负面讨论。也有粉丝表示,随着越来越多合作作者、粉丝创作者加入官方文本生产,对原本内容的改编和续写,会出现一些前言不搭后语、世界观和角色性格不一致的情况,导致作品质量参差不齐,最终影响 IP 口碑。

第二节　从展会视角切入

——以国内最大的 COMICUP 同人展为例

粉丝文本从构思、创作、实体化再到线下发布将经历哪些真实流程？粉丝文本生产者和粉丝文本消费者之间都有怎样的交流？笔者从展会视角切入，围绕国内规模最大、最为知名的同人展——COMICUP 展开分析，从 COMICUP 的发展历程、规模变化和参展者体验等方面，还原粉丝进行文本再生产、实体化、发布的实际过程，探讨同人展对粉丝创作和消费的意义。

一、COMICUP 简介

COMICUP（又称魔都同人祭）是目前全国最大规模的全类型同人展会，现由上海摩都文化传播有限公司主办，其前身是复旦大学沸点漫画社于 2007 年举办的"ComiCon1111"同人活动，2008 年正式更名为 COMI-CUP（见图 9.6）。

在 COMICUP 上，同人创作者/粉丝生产者①之间、同人创作者/粉丝生产者与粉丝消费者之间可以开展多种形式的同人制品、COSPLAY 等

---

① 由于 COMICUP 展会对同人作品的定义范畴包含纯原创作品和二次创作作品，因此在本章节，笔者使用"同人创作者/粉丝生产者"指代相关参展类创作者。

图 9.6 CP23 展会现场

交流,还可以与文化产品官方进行互动。COMICUP 一般一年在上海举办两次主展会,每次持续 1~2 天,除此以外还会举办一些 SP 副展会。主办和参展者一般会用"CP+届数"来称呼每一届活动,如 CP29 是指第二十九届 COMICUP 同人展。

在 2020—2022 年新冠肺炎疫情时期,COMICUP 一年两次的主展会举办频率被迫调整,并针对疫情特别开辟了 COMICUP Online(CPO)的线上专场活动。同时,自 2021 年起,COMICUP 开始在广州举办同人展,2021—2023 年先后举办了 CP2021SP、CP29mini、CP2022SP、CP2023 春 SP、CPG05 等展会。

截至 2023 年,COMICUP 主展会已举办了 29 届(含 ComiCon 时期的第一届和第二届),规模不断扩大,参展同人本持续增加。据澎湃新闻的报道①,2023 年 5 月 2 日、5 月 3 日举办的 CP29 双日总入场人次达到 30 万,出展面积过 15 万平方米,超过 200 家企业展商和 15000 个同人创作摊位参展。具体情况盘点见表9.2。

表 9.2　COMICUP 历年举办情况盘点

届数	年份	同人本总量	新刊总量	街道 & 专区数量	同人摊位数量	参展企业数量	参展人次	同人本数量排名前十的作品圈
CP19	2016年	3600多本	未查到	19个	日均近1500个	80多家	8.7万人次	全职高手、原创、刀剑乱舞、东方 Project、剑网3、布袋戏、盗墓笔记、阴阳师、Vocaloid、舰队 Collection
CP20	2017年	3000多本	未查到	24个	日均1400多个	160多家	未查到	原创、全职高手、阴阳师、刀剑乱舞、东方Project、冰上的尤里、剑网3、布袋戏、盗墓笔记、Fate 系列
CP21	2017年	3000多本	未查到	21个	3000多个	80多家	15万人次	全职高手、阴阳师、布袋戏、刀剑乱舞、东方Project、凹凸世界、剑网3、我的英雄学院、原耽、冰上的尤里、守望先锋
CP22	2018年	4403本	未查到	31个	约4000个	100多家	未查到	全职高手、凹凸世界、原创、东方 Project、刀剑乱舞、阴阳师、Fate 系列、剑网3、我的英雄学院、盗墓笔记

① 发掘新星＋专业出版＋赴日出海:"漫画向上"让国创走得更远[EB/OL].(2023-08-20).https://www.thepaper.cn/newsDetail_forward_24300982.

续表

届数	年份	同人本总量	新刊总量	街道&专区数量	同人摊位数量	参展企业数量	参展人次	同人本数量排名前十的作品圈
CP23	2018年	4900本	未查到	53个	1900多个	122家	超15万人次	原创、全职高手、凹凸世界、我的英雄学院、Fate系列、东方Project、刀剑乱舞、阴阳师、霹雳布袋戏、漫威
CP24	2019年	5412本	2496本	37个	未查到	200多家	超11万人次	原创、全职高手、东方Project、凹凸世界、Fate系列、阴阳师、我的英雄学院、霹雳布袋戏、刀剑乱舞、漫威
CP25	2019年	7090本	3697本	54个	2400多个	近300家	超16万人次	原创、全职高手、霹雳布袋戏、凹凸世界、明日方舟、Fate系列、我的英雄学院、东方Project、金光布袋戏、JOJO的奇妙冒险
CP26	2020年	4889本	2235本	48个	2300多个	80多家	未查到	原创、凹凸世界、明日方舟、全职高手、Fate系列、JOJO的奇妙冒险、鬼灭之刃、刀剑乱舞、阴阳师、文豪野犬
CP27	2021年	7574本	3799本	88个	3000多个	100多家	未查到	原创、明日方舟、凹凸世界、全职高手、JOJO的奇妙冒险、东方Project、金光布袋戏、Fate系列、刀剑乱舞、文豪野犬

续表

届数	年份	同人本总量	新刊总量	街道＆专区数量	同人摊位数量	参展企业数量	参展人次	同人本数量排名前十的作品圈
CP28	2022年	10294本	未查到	121个	3000多个	100多家	未查到	咒术回战、原创、明日方舟、东方Project、凹凸世界、全职高手、JOJO的奇妙冒险、偶像梦幻祭、Fate系列、催眠麦克风
CP29	2023年	未公布	未公布	200多个	15000个	200家	30万人次	未公布

注：本表是笔者根据COMICUP官方微信公众号、官方微博以及相关媒体上的统计数据整理。部分数据截至本书出版前未发布。自CP24起，同人本总数的统计方式有所变化，首次将无料同人本（即免费分发的同人本）计入。

二、COMICUP展会：支持原创的多样性

1.多主体、多类型的展位与活动

以文化产品创作为核心，COMICUP设有多样化的展位和活动。COMICUP历年现场展馆主要包括由同人创作者/粉丝生产者摊位组成的同人馆，以及由企业展位和服装展位组成的企业馆和综合馆。

其中同人创作者/粉丝生产者可以社团的名义申请现场摊位，摊位可展出的制品包括小说、漫画、图集、CD、游戏、图文合志、海报集、卡片、纸胶带、手办、亚克力、徽章等。在COMICUP上，同人制品的交流方式主要有付费和免费（无料）两种形式。"无料"一词源于日语"免费"的意思，一直以来在粉丝之间使用得较为频繁，因而国内展会上也沿用这一说法。同人创作者/粉丝生产者会免费向感兴趣的到场观众发放无料制品，或者

和同样制作无料制品的其他同人创作者/粉丝生产者进行交换。同时,同人创作者/粉丝生产者可以在展会现场自行售卖、发放同人本和相关制品,也可以放至其他摊位寄售或供免费领取,还可以通过代理商销售。目前参加 COMICUP 的不仅有来自国内各地的同人创作者/粉丝生产者,还有来自国外的知名画师、小说家。国外创作者的同人本和相关制品一般通过国内代理的方式在展会上流通。

除了同人制品摊位的创作者外,历年的 COMICUP 也集结了大批喜爱 COSPLAY 的粉丝生产者和摄影爱好者。有的专业 COSER 受企业邀请到场,在企业展位走秀、表演,为相关文化产品助阵;而个人爱好者无须申请摊位,持门票进入便可自由交流。

企业展区一般集结了国内外文化产品的制作方、版权方,以及衍生制品的销售方、合作方等,他们会在现场展示最新的各类文化产品,如小说、漫画、动画、游戏等,举办专门活动吸引粉丝参与其中,还会发放免费制品、售卖官方周边等。服装区则主要展出、销售 LOLITA 类型的服饰①。此外,COMICUP 在场内外还会举办一些舞台活动、论坛、交流会、子展会,如编辑交流、作家签售、个人画展等,为创作者提供衍生服务。

2.特设主题分区和街道

在创作主题方面,COMICUP 参展的同人本和各类制品主要分为原创和二次创作两大类型。原创即创作者自行设计角色、剧情的作品,有时候会被称作 OC(original character)。二次创作面向的范围非常广。从历

---

① LOLITA 服饰:一种结合了西方古典和当代流行文化的女装风格,源于日本。

届参展作品中可以看到,国内外各类小说、漫画、动画、电视剧、电影、游戏、布袋戏、特摄片等都有对应的同人本作品,此外,还有围绕真人偶像、明星以及历史人物、物品拟人的创作。

当围绕同一主题的同人作品较多时,COMICUP 主办会将这些摊主集结在同一专区内,便于拥有同类爱好的同人创作者/粉丝生产者、消费者开展交流。有合作意向的摊主之间也可以申请专属街道或者连摊布展。在 2023 年举办的 CP29 上,共有 200 多个同人专区街道(含特别连摊)。这些专区街道有的是以某一个系列、某一部作品为主题,有的是以角色为中心,还有的是以角色配对进行的集合。如《咒术回战》《偶像梦幻祭》有十几个街道,街道主题以作品角色之间两两配对的"Couple"为主(见图 9.7)。

咒术回战
咒术回战-虎右
咒术回战-惠右
咒术回战-七海建人中心
咒术回战-甚尔
咒术回战-甚五
咒术回战-宿伏
咒术回战-五伏
咒术回战-五夏
咒术回战-五悠
咒术回战-五右
咒术回战-夏&五无差
咒术回战-夏五
咒术回战-乙女向

偶像梦幻祭
偶像梦幻祭-cospro街
偶像梦幻祭-ES2新团街
偶像梦幻祭-valkyrie
偶像梦幻祭-レオ司街
偶像梦幻祭-斑琥珀街
偶像梦幻祭-彩良街
偶像梦幻祭-燐ニキ街
偶像梦幻祭-燐一街
偶像梦幻祭-零晃街
偶像梦幻祭-零凛街
偶像梦幻祭-零薰街
偶像梦幻祭-泉岚街
偶像梦幻祭-泉真街
偶像梦幻祭-涉英街
偶像梦幻祭-狮心街
偶像梦幻祭-巽宵街
偶像梦幻祭-乙女街道
偶像梦幻祭-凪茨街

图 9.7　COMICUP29 上《咒术回战》《偶像梦幻祭》的参展街道列表

(图片来源:COMICUP 官方微博"CP29 指南")

3.重内容、零盗版的参展作品

早期,国内动漫展、同人展的现场参展品良莠不齐,官方、同人、盗版制品往往混杂在一起,给喜爱原创的参展者、观众带来了较差的逛展和消费体验。2017 年,COMICUP 在其主办运营的网站无差别同人站上发布了《零盗版宣言》①,要求登录该网站的所有活动、展会必须全场区域或同人区域在遵守相关法律法规、无差别同人站社区规则的基础上,遵守《零盗版宣言》。该宣言也是国内同人展中首个针对盗版内容的专门宣言。笔者截取了其中的主要内容供参考:

所有登录 CPP 的同人展会及作者默认支持创作,反对盗版、盗图!给同人爱好者一个良好的创作交流环境。我们承诺,所有登录无差别同人站的活动/作品绝不出现:

①盗印盗图物品;

②未获得代理授权的倒卖品(包括但不限于二手同人作品、批发商品);

③使用官方 logo、注册商标的简单制品;

④简单加工或者简单图案(包括但不限于小鸡面孔、文字徽章等)翻制并批量生产的参展品;

⑤翻模制作的模型 PVC(拥有原画授权的白模及其翻模商品不在本列)。

---

① 零盗版宣言[EB/OL].(2017-05-19).https://www.allcpp.cn/w/1239.do.

同时,我们愿意接受大家的监督与举报。如有任何违反上述宣言的情况,无差别同人站将有权直接对违规作品及相关账号进行处理。主办方将拆除相关参展品、搭建物或广告载体,若屡教不改,将现场取缔其参展资格。情节严重者,除上述处理办法外,无差别同人站及主办方还将对其进行公示。

随着 AI 技术的发展,2023 年,COMICUP 官方也对使用 AI 技术生成图片的行为进行了规范,禁止"完全借由 AI 生成的画面或文字"作为"制品"独立发布等。对于违反以上相关规则的参展者、社团,COMICUP主办方会进行公示与处罚,包括封停在无差别同人站上的账号、在一定年限内禁止参展等。

同时,COMICUP 主办方要求参展的同人创作者/粉丝生产者必须有同人本①,这个同人本主要是指原创或二次创作的小说、漫画、图集、CD、游戏、图文合志等,不含卡片、亚克力等装饰类制品。如创作者申请第一个摊位,需要关联制品中至少有一本同人本;申请第二个摊位,需要至少三本同人本;申请第三个摊位,需要至少六本同人本;申请第四个摊位,需要至少十本同人本。

---

① CP30 申摊规则［EB/OL］. https://www.allcpp.cn/allcpp/event/event.do? event＝1729.

三、同人创作者/粉丝生产者如何参与 COMICUP？

一般来说，同人创作者/粉丝生产者参与同人展需要经历制品准备与制作、摊位申请与宣传、布展开展与坐摊等流程。

在制品准备与制作阶段，同人创作者/粉丝生产者的作品内容定稿后，通常会对文本、图片进行整理和初校，然后进入封面设计、排版环节。在该阶段，一些同人创作者/粉丝生产者会自行学习排版设计知识亲自上手，也有的会选择付费交予专业美工负责，还有的写手会专门向画师约稿绘制封面。

排版完成后，同人创作者/粉丝生产者将寻找工厂对接制作，进行成本预估、材料与工艺选择、打样、校对与修改等。为了更好地控制成本，许多同人创作者/粉丝生产者会在下印前在社交媒体或兴趣群内发布印量调查，在了解同好的需求量后再进行最终制作。由于每一个流程都需要创作者认真跟进，一旦出错将会影响最终参展，一些合作类的同人本会有类似图书编辑的"主催"的存在，主催围绕主题召集写手、画手，收到稿件后开始负责跟进同人本制作的各个流程，与内容生产者分工明确，从而保证制品质量。

COMICUP 一般会在展会正式举办的 2～3 个月前开放摊位申请，有意向参与的同人创作者/粉丝生产者须提前在网站上申请摊位，提交制品信息、摊位名、专区意向、连摊意向以及参展日期等。制品信息包含同人志的封面、开本、页数、收录篇章、有偿交换数额等信息，如有线上贩售或同人本宣传内容还可附上链接说明。同时，同人创作者/粉丝生产者的文本可上传较为完整的篇章试阅，图本可上传总体的排版缩略图或分镜稿供审核人员确认同人志的完成度，提升过审概率。待审核通过后，摊主须缴纳摊位费、押金。当然，有一些来不及完善制品的同人创作者/粉丝生产者，也会采取先申请摊位后完善制品的方式。

临近开展，同人创作者/粉丝生产者会在微博、LOFTER、无差别同人站以及各圈子QQ群、论坛上发布长图、长文、视频等形式多样的摊位宣传信息，告知同好自己摊位的参展时间、具体位置、制品信息、无料信息等。COMICUP主办方也会帮忙转发摊主信息或直接发布专区、街道宣传。

在开展前一天或当天，同人创作者/粉丝生产者将提前入场布置摊位，通过邮寄、货车运输的方式将制品带到展会现场。一些摊位会布设横幅、海报等形式多样的宣传物料吸引观众，并标注无料领取区供取阅。在展会期间，同人创作者/粉丝生产者会在展位上亲自坐摊出售制品，如无法到达现场则会选择寄售、代理等方式。

四、思考：同人创作者/粉丝生产者、消费者与同人展

对同人创作者/粉丝生产者而言，参加一场同人展往往需要消耗较多的精力、体力和金钱。从内容创作到制品设计、排版、印刷、装订，再到申请摊位、摊位宣传、运送制品、布展、摊位管理、撤展，战线长、耗时长，如果是居住在展会举办地之外的摊主，还需要提前安排行程、住宿等。大多数

同人创作者/粉丝生产者参加同人展不仅无法营利或收回成本,很多时候还需要倒贴费用,包括约稿排版费、物料制作费、往来路费、住宿费、运输费、展位布置费等。一些印量小、工艺特殊的同人本制作成本甚至比正式出版书籍还要高。不仅如此,同人创作者/粉丝生产者参展还会面临如展会延期或取消、工厂印刷失误等各类风险带来的成本损失。

与此相对应的是粉丝消费者。他们从各地"赶集"似的参加同人展,同样也需要承担来往时间成本、金钱成本。那么,这种看起来吃力不讨好的事情,为什么还有那么多创作者和粉丝们乐此不疲呢?笔者认为,以COMICUP为代表的线下同人展会,具有集中式的文本流通与内容消费、面对面的人际传播与情感满足等特点,对文化产品及创作的热爱、与同好交流的喜悦、作品获得认可的激动,以及亚文化群体身份认同带来的归属感,都是支撑同人创作者/粉丝生产者、粉丝消费者积极参与线下展会的动力。

1.集中式的文本流通与内容消费

同人创作者/粉丝生产者往往会在COMICUP上带来最新的同人制品,有的还会选择在展会上进行同人制品首发、现场限定无料制品发放等。如此集中的同人制品供应,带来的是集中的文本流通和内容消费。展会期间,在各摊位前购买制品的人群排起长队的现象屡见不鲜,粉丝消费者可以第一时间购买到喜爱作者的首发制品,也可以现场翻阅、体验、查看制品后再选择购买,通过展会了解更多同人创作者/粉丝生产者以及文化产品的存在。

与此同时,同人创作者/粉丝生产者之间也会在展会现场交换制品,互相学习创作技巧,COSER们亦会现场合作进行表演等。此外,一些文化产品官方、企业还会将同人展作为发掘优质创作者、合作者的平台,通过展会,同人创作者/粉丝生产者及其作品有机会进入大众范畴,获得更多发展的可能。

2.面对面的人际传播与情感满足

在第七章中,笔者提到了线下粉丝文本流通具有社交化、仪式化的特点。同人展会作为线下粉丝文本最为集中的一种流通形式,在面对面的人际传播与情感满足方面,具有更为显著的特征。

对同人创作者/粉丝生产者而言,亲身参与同人展会与读者见面,能直接看到读者拿到制品时的表情和反映,获得面对面的创作反馈,这是在线上无法获得的、线下独有的即时体验。特别是同人制品的售出、读者对作品的认可,这些都能转化为同人创作者/粉丝生产者继续创作的动力。对粉丝消费者而言,能够见到喜爱、崇拜的同人创作者/粉丝生产者,在某种意义上也实现了"追星"的情感满足。

在访谈中,多位粉丝生产者提到了他们作为摊主的参展感想。受访者"春秋"介绍,在 2023 年 8 月举办的 CPG05 上,她首次作为摊主参展,与同学合作创作了 Vocaloid、《灌篮高手》相关的同人本和各类小制品,并一起到现场"摆摊"。她表示:"和线上发文相比,线下参展能实际见到网友,感觉很有意思。"

受访者"佐伯光"是一名多次参与线下同人展且颇有影响力的粉丝生产者,她说:"本社团独有的活动是深情朗诵新刊内容(线下限定),大家都很爱看奇妙表演,并且深情朗诵是送无料的,让客人指定一段文段,客人或摊主深情朗诵就可以得到礼物,虽然只是很小的礼物,不过有些客人会因为文段确实有趣而购买新刊。也会有想购买的读者要求概括内容，还有现场问创作心得的。我这边碰到最有趣的事是一个客人买了，过一会儿带着另一个客人来买，再过一会儿两人又带了一个客人来买，本以为结束了，结果三个人再带了一个人来买，还有买了一本后再过来买一本的客人。也有上一次展会买了新刊，下一次展会拿着刊物来要签名、分享读后感的读者，真的有，并且不止一个……最终变成了互相鞠躬大赛，把邻摊都逗笑了：'谢谢老师写出这么好的故事！'（鞠躬）'不不不我才是，谢谢大人购入！（鞠躬）'亲参的快乐果然还是能见到各种各样的同好……最感动的还是碰见亲自来反馈的读者，我感动得发了好多条微博。"

3.亚文化群体的身份认同与归属感

在 COMICUP 这类大型同人展会上，爱好五花八门的粉丝们分属于不同的亚文化群体，因为"创作"这一要素而集结在同一空间里，完成了从日常职业身份到某一领域爱好者、创作者的转变，在面对面的交流中实现圈层的碰撞和融合，从而加深对各自所属群体的身份认同，收获归属感。

由于同为写手、画手、COSER，或同为一个 IP、角色、明星的爱好者，许多在互联网上相识的粉丝，会特地相约到同人展现场"面基"①"集邮"②，寻找现实生活中难以遇见的小众同好。

到了（同人展）现场就会发现，哇，我的同好怎么有那么多！（感觉）有点头晕脑涨，突然间发现有那么多同类，头脑就超载了……就

① 即与网络上认识的同好线下见面。
② 此处指的是与到场的同好、COSER 等逐一合影、收集合照的意思。

会在展子上待很久,很激动。(受访者"小朱")

当粉丝置身于同人展上的各类主题展馆、专区、街道中时,他们会以属于该展馆、专区或街道的圈子用语进行交流,在"解码"中收获同道中人。最典型的例子便是每届COMICUP上的"横幅文化",参展摊主们在自己的展位上挂起印有圈子黑话或时下流行语的横幅、锦旗、门联等作为招徕同好的直接手段,看得懂的粉丝自然会主动上前交流。一些有趣味的横幅内容也往往随着展会的举办在网络上流行开来,实现圈层文化的二次传播。

在同人展上,平时网上聊天常用的圈子用语,在线下能够以口头的方式使用,感觉非常新奇,就像在和同好对暗号一样,也会惊叹原来和自己一样爱好的人有这么多。(受访者"小J")

第十章　结论与讨论

第一节　结论:粉丝的文本再生产与发布行为特征

媒介融合环境下参与式文化的兴盛,使粉丝对喜爱的明星形象或媒介文化产品进行解读、创造和发布的倾向日渐普遍化和常态化。本书主要从粉丝视角出发,以粉丝文化研究理论和观景/表演的受众研究范式为理论依据,采用文献分析法、案例研究法、深度访谈法,辅以对受访者社交平台文本的分析,对粉丝的文本再生产与发布行为进行探索性研究。研究较为详细地呈现了粉丝生产者在参与文本再生产之前、之中、之后各个阶段的行为与特征:

第一,在参与再生产之前,粉丝深受渗透到日常生活中的媒介景观的影响,他们直接或间接地接受各类媒介信息,在同侪影响下消费各类媒介文化产品,通过搜索与获取知识,逐渐成为高涉入受众继而成为粉丝。

第二,粉丝参与文本再生产受到内外因的共同影响。内因是个体的心理动机,包括情感或观点的释放与表达、呈现与满足幻想、自我认同与他者认同、粉丝圈示范效应的吸引、公益性和利他性、直接利益的驱动等；个体创作能力、物质和时间条件以及他人的影响与带动是影响粉丝参与的重要外因。

第三，在文本再生产过程中，粉丝的日常生活也与媒介消费和生产紧密相连。拥有多元爱好的粉丝选择适合自己的表达方式，通过跨文本盗猎与拼贴和跨媒介的叙事手段，生产具有个人特色的文本内容。

第四，在作品发布阶段，粉丝体现了强大的媒介选择与使用能力。他们通过个体观展与表演积累的经验，熟悉并掌握各类线上平台的运行和受众特征，根据不同的发布目的选择相应的平台和发布方式，为自己的表演服务。同时，粉丝积极推进粉丝文本在线下的延伸，设计和制作各式各样的实物制品、进行线下表演，满足彼此的社交需求。

第五，在文本再生产与发布之后，粉丝在内容消费上成为游猎者，继续寻找更多可消费文本。在内容创作上，受到个体自恋与他者认同的驱动，不断提高创作能力，选择继续参与和发布内容。此外，粉丝还可能遇到负面反馈，包括与其他粉丝的观点分歧、题材内容引发争议，以及与原作方、其他主体的版权争议等，由此影响粉丝接下来的文本再生产。

第二节　讨论：粉丝再生产与粉丝文本的未来

一、粉丝生产者的专业化和商业化

在艾伯克龙比和朗赫斯特对受众类型的划分中，最高层次的粉丝是

"petty producer"，即小型生产者，他们和其他类型的粉丝最大的不同便是利用自己的技能营利。在当前的媒介环境下，粉丝生产者也有这样一个发展趋势——从专业化到职业化，从 UGC 成为 PGC。传统上把普通网络用户生产的内容称为 UGC，把专业化机构生产的内容叫做 PGC，这种称法是基于用户内容水平不高这一前提形成的。如今，互联网上呈现的许多粉丝作品，其水平已经完全不输专业的媒介文化产品制作方。这些高水平的粉丝文本作者是"文化资本"的拥有者，他们具有较强的自学能力、了解专业领域知识、熟悉媒体技术的运用[①]，在网络上受到众多粉丝的肯定。

　　本书有多位受访者就是由普通的粉丝文本生产者成长为专业生产者，生产过程锻炼了他们的创作技能，有的因此走上了全职化的道路，成了专门的行业从业者。

　　　　我最开始就是想从事 ACG 相关的工作，因此做同人创作时也有一部分原因是希望能积累经验、磨炼技能，这个领域的工作很多技能是共通的，和实习有点像。（受访者"鱼子"）

　　此外，有的粉丝生产者凭借持续、优秀的产出，获得了文化产品原作方的认可和招募，从而成为原作方的制作人员；有的持续在社交媒体上发布作品积攒阅读量、收获关注者，成为自媒体博主，通过流量、广告投放变

----

① 中国青少年研究中心.新媒介空间中的青少年文化新特征——"青少年网络流行文化研究"调研报告[J].中国青年研究,2016(7):10.

现。还有一类粉丝生产者接受其他粉丝的约稿，帮助不具备相关生产能力或者生产能力不高的粉丝进行产出，同时自己也可获得收益。

二、给媒介文化产品生产者的建议

对于价值不断显现的粉丝参与和粉丝文本，媒介文化产品的生产者也应转变观念，兼容并蓄。制作方可以在提高内容吸引力、洞察粉丝偏好、营造圈内口碑氛围方面吸引粉丝的关注和消费。为鼓励粉丝的创作，制作方须从粉丝角度出发，考虑他们在生产和作品发布各环节中可能遇到的限制，在认可、鼓励粉丝的前提下，创造机会与平台，服务粉丝的创作和传播过程，从而达到延长产品生命周期、扩大产品影响力等目的。

1.吸引粉丝关注与消费

（1）提高内容质量

在本书第三章关于粉丝文本生产缘起的分析中提到，创作对象的特质是吸引粉丝消费并决定参与创作的重要外因之一，原作内容的水平、特色，或者偶像自身的个性与实力是吸引粉丝关注和喜爱的基础。

在作品内容设计上，具有开放性、包容性、复杂性、延续性、经得起逻辑推敲的优秀作品，更容易吸引粉丝的喜爱和创造。受访者"团猫"作为《剑网3》的玩家已有四五年之久，她提到该作的剧情多年来一直保持更新，并且内容设定十分开放，每个玩家都能从自己的视角出发走出不同的故事线，所以多年来她一直沉浸在该作品中。

在角色塑造上，某位在业界工作的受访者提到，当前能形成粉丝创作圈的产品,其角色本身一般都需要"自带"同人属性:一是角色个性必须迥异鲜明,才能以人物为起点打造更多的故事;二是人物关系要足够复杂,才能为粉丝的二次创作提供更多想象空间。

(2)洞察粉丝偏好

业界受访者指出,当前比较流行且有效的一种做法就是打造和宣传CP,并认为这种策略需要"细水长流",即将某两个角色之间复杂的情感交集放大并作为卖点。基本上大多数粉丝创作都涉及CP相关的内容,尤其是两个男性角色的组合,符合喜爱耽美文化的女性粉丝的口味。

受访者"黄咩咩"说:"(《跑男》节目)官方经常利用CP来宣传推广,如在节目里加个爱心之类的,一开始推都特别狠,大家会去关注他们(陈赫和李晨)微博上的互动。"这和本书访谈的多位普通粉丝所说的入圈和创作动机如出一辙。"我入坑基本上都是因为CP"(受访者"黄咩咩")、"我入圈都是CP"(受访者"小夜"),还有受访者"塔塔"称,激发她迫不及待想要画下来的例子有"茨木和酒吞的基情、狗子和崽的基情"。

当然,粉丝的喜好往往不止一种,在瞬息万变的互联网生态中,文化产品官方可根据社交平台上粉丝对各个角色话题的讨论度和作品创作量来选择对应的推广策略。

(3)与意见领袖合作,形成口碑氛围

寻找垂直圈子KOL的合作与协助也是十分有效的宣传策略。在前文中谈到,不少受访者表示最初接触到并喜爱上某一部作品,就是因为网上关注的朋友或者"大大"发布了相关内容或作品。此外,粉丝在信息获取和作品发布中,掌握着各个圈子和相应传播渠道的特点与动向,针对具有这些特质的粉丝,选择 KOL 辅助宣传能够更方便地将作品打入目标受众群中。

制作方与营销者选择的 KOL 多数都是由普通的粉丝生产者转变而来的。随着某个粉丝创作能力的提高,其优秀作品吸引了更多同好的关注,他也随即转变为一个具有众多粉丝的创作者。他最近关注什么、喜欢什么、作品里画的是什么,一举一动都在粉丝眼中。正是由于这些"大大"也是由普通粉丝成长而来的,具有亲切感,他们的推荐与口碑,普通粉丝或多或少都会留意,因为错过了这些反映最新流行趋势的内容,粉丝就可能会"落伍",从而影响粉丝圈内同好间的进一步交流。

以 2016 年话题手游《阴阳师》为例,该作品的成功除了内容本身外,很大程度上来源于粉丝作品的推动。在游戏正式公测之前,制作方已预先找了不少著名画手合作,让他们创作二次作品发布在个人微博上。画手的粉丝为此对产品产生好奇并留下印象。同时,在游戏公测伊始,同人音乐圈的著名创作者"西瓜 Kune"和"乌龟"合作发布了相关同人歌曲《百鬼阴阳抄》,随后众多著名翻唱者加入了对该歌曲的翻唱①。此外,还有 COS 圈的部分类似创作活动。于是在一段时期内,各种类型的圈子里形成了"大家都在玩这个游戏"的氛围,也因此带动了更多粉丝关注和参与二次创作的风潮。

2.吸引粉丝不断参与创作

在前文对粉丝文本再生产行为的研究中发现,吸引粉丝参与或持续

---

① 《阴阳师》霸榜背后的推广营销方案和节点时间[EB/OL].(2016-09-26).https://www.sohu.com/a/115073445_116126.

创作的原因,包括作品与能力受到认同、粉丝圈氛围的影响与带动、创作带来的满足感和直接回报等。媒介产品的制作方可以从这些角度考虑如何赢得粉丝的喜爱与合作。

(1)认可并鼓励粉丝的创作

粉丝文本是粉丝能动性与自尊的体现,作品被认可是激发他们持续生产的动力。例如,官方转发、点赞、拍摄粉丝的作品,都会让粉丝受宠若惊。

我看《诛仙》的时候,根据电视剧做了个鬼畜视频①,随便剪了一下用小号发的,结果就被欢瑞官方的老板转发了,吓一跳。(受访者"黄咩咩")

韩娱那边我也不知道是惯例还是怎么样,可能也看人,就很多明星他们收到不管是贵的还是便宜的(应援物),都会尽量去发一些照片之类的到网上,做一下"认证",不管是装的还是怎么样,我觉得这样更能体现他们在意粉丝的心意。(受访者"星星")

经常举办创作比赛,提供激励粉丝生产的契机,如上文提到的《阴阳师》《剑网3》等制作方,时不时地举办同人文、同人图、皮肤设计、COSP-LAY、配音等各类同人作品征集比赛,并提供相应的游戏奖励。

吸纳粉丝作品到原作中,或者让粉丝直接参与产品制作,是一种来自

---

① 鬼畜视频:一种以高度同步、快速重复的素材配合背景音乐的节奏来达到喜感效果的视频,可以理解为一种恶搞文化。

官方的高级形式的肯定。2013 年,《剑网 3》曾经举办过一次粉丝配音大赛,胜出的粉丝不仅可以参加官方线下活动,还可以直接成为作品内一些角色的配音演员,极大地鼓舞了粉丝参与创作的热情。①

(2)提供资源,服务创作

为受限的粉丝创作过程提供服务,无疑是雪中送炭。粉丝的创作需要诸多可以利用的素材参考,也需要技术的支持。例如,在素材方面,画手绘制某个人物形象时,对于一些精致的服饰和道具,他们有时并不能从原文本中获得最贴切的细节。因此,越来越多文化产品的版权方、制作方会出版官方的公式书、美术设定集,详细介绍人物性格、故事背景以及人物造型、服饰、道具、场景设计。有的官方甚至还会主动与粉丝合作研发创作工具,如《剑网 3》游戏粉丝流行的 MMD 视频制作需要复杂的建模程序,有部分技术高超的粉丝先行开发了生成器,后来官方在技术支持上提供了辅助,并支持粉丝整理教程,方便更多粉丝参与该类型文本的生产,进一步丰富 IP 内容。

(3)搭建平台,协同传播

针对粉丝希望自己的优秀作品被更多人看见和肯定的欲望,制作方或营销者应该开辟专门的交流社区,提供完善的发布体验、传播渠道、版权保护模式、周边开发等"一条龙"服务,服务粉丝的传播需求。一些制作方除了自己的官方网站或者微博外,还专门建立发布或转发粉丝作品的账号。比如,微博上的"@剑网 3 有爱同人秀""@阴阳师手游同人帐"等

---

① 《剑网 3》配音大赛榜单揭晓,精彩配音放出［EB/OL］.(2013-07-16). https://m. 163.com/ent/article/93T6268S00314J6K.html.

账号,粉丝在微博上发布作品会"@"这些官方号,借助官方号的影响力获得更多关注度。此外,还有一些制作方会通过官方微信公众号,每天汇集粉丝作品做专门性的推送。

制作方还可以直接和机制已完善的粉丝创作社区合作。比如,《阴阳师》《剑网 3》曾联合"半次元"网站举行创作比赛,粉丝可以发布文章、插画、COS、手工等多种形式的作品,只要打上标签就算参赛,并且有人气的作品会被顶到首页让更多圈内同好看见;粉丝还可以通过该网站上的"制品商店"功能实体化自己的得意之作,直接在上面出售。对涉及粉丝之间抄袭的争议作品,也有相应的举报和处理机制。

第三节 研究不足与展望

本书在受访对象的选择上存在一定的局限性。虽然受访者涉猎的文本种类多样,喜爱的文化产品多元,但是较多受访者喜爱的对象集中于 ACG 类型的作品,尤其是来自日本的相关作品,且女性受访者占大多数。因此本书在其他国家和 ACG 以外类型的文化作品,以及男性粉丝适用性方面仍存在一些不足。不过这也和当前粉丝文化创作圈的现状有所关联,女性本就是粉丝群体的主力军,而大陆最早兴盛的粉丝文本创作亦源于 ACG 圈,此后才开始逐渐扩展到其他圈子[①]。此外,本书在将理论应

---

① 杨玲.粉丝小说和同人文:当西方与东方相遇[J].济宁学院学报,2009,30(1):47-52.

用到解读与分析访谈资料和案例中时，在文字表达方面尚显幼稚，对一些普通现象的归纳无法上升到严谨、系统的理论层面。

本书综合了各圈子粉丝的创作情况，探索性地提取了他们在粉丝文本再生产和发布中的共性。在未来的研究中，可以在这些共性的基础上对某些个性问题进行些对比研究，比如，二次元粉丝和真人明星粉丝在文本生产行为中的异同；以国内粉丝喜欢的媒介文化产品归属国来划分，大陆明星粉丝圈和日饭圈、韩粉圈、欧美粉丝圈粉丝生产行为的异同；粉丝偏好使用哪种粉丝文本呈现形式，这些形式在创作动机和含义传达上是否有差异，和粉丝的性格特质是否有关联；以及粉丝在对跨国文化作品的消费和生产中存在的跨文化解读偏好；等等，都是研究者可以进一步思考的课题。

附录一 深度访谈受访者列表

编号	名称	性别	年龄	教育程度	职业	喜爱的作品或明星类型	粉丝文本主要生产形式
1	黄咩咩	女	25	本科	上班族	中国演员、歌手及他们的作品	视频剪辑
2	团猫	女	26	硕士	学生	欧美小说、影视剧；中国和日本 ACGN *、电视剧等	绘画
3	蚊子	女	26	本科	上班族	中国和日本 ACGN；日本演员及电视剧、歌曲	翻唱
4	塔塔	女	18	本科	学生	中国和日本 ACGN 作品	绘画
5	小白	女	18	本科	学生	中国和日本 ACGN 作品	COSPLAY、绘画
6	小夜	女	20	本科	学生	欧美演员、影视剧、小说；印度影视剧	小说、分析型文章、视频
7	Sekai	女	28	大专	自由职业	日本 ACGN 作品和相关歌手	手工、图像合成、绘画
8	小黄鸡	女	24	本科	学生	中国、日本 ACGN 作品、演员、歌手	舞蹈视频、COSPLAY、绘画、翻唱、手工
9	初初	女	22	本科	上班族	中国演员、韩国歌手及相关作品	视频剪辑

续表

编号	名称	性别	年龄	教育程度	职业	喜爱的作品或明星类型	粉丝文本主要生产形式
10	小炎	男	25	博士	学生	日本 ACGN 作品	电台节目
11	雪辉	男	23	本科	学生	中国歌手、日本 ACGN 作品	翻唱、文章
12	Muh	女	31	本科	上班族	日本 ACGN 作品及相关演员、歌手	绘画、文章
13	鱼子	男	25	本科	上班族	日本 ACGN 作品	绘画
14	西瓜	男	27	本科	上班族	日本 ACGN 作品	绘画
15	木木	女	28	本科	自由职业	中国和日本 ACGN 作品	绘画、COSPLAY、手工等
16	星星	女	31	硕士	上班族	韩国演员歌手、滑冰运动员	图像合成
17	小 J	女	32	硕士	上班族	日本 ACGN 作品、中国演员	图像合成
18	白熊	女	23	本科	上班族	日本 ACGN 作品、中国电视剧、中外文学作品	文章
19	佐伯光	女	26	本科	上班族	中国和日本 ACGN 作品、演员、歌手等	文章
20	小朱	女	27	本科	上班族	日本 ACGN 作品	图像合成
21	落笔	女	21	本科	学生	日本 ACGN 作品	文章

* ACGN：指动画（anime）、漫画（comic）、游戏（game）、小说（novel）。

附录二　深度访谈提纲

一、访谈前小问卷

1.您的年龄是_____

2.您的性别是_____

3.受教育程度_____

A.初中　　　　　B.高中　　　　　C.本科　　　　　D.研究生及以上

4.当前职业_____

A.学生　　　　　B.上班族

5.月消费支出_____

A.1000元以下　　　　　　　　B.1001—2000元

C.2001—3000元　　　　　　　D.3001—4000元

E.4000元以上

6.每天除了工作或学习外的上网时长_____

A.1小时及以下　　　　　　　B.1～2小时（含2小时）

C.2～3小时（含3小时）　　　D.3小时以上

7.每天/周花在自己喜欢的作品/明星领域的总时长(包括看作品、与同好讨论、看资讯、看同人等,可依据您的时间单位填写)

_____

8.每月根据自己喜欢的作品/明星创作作品所花的时间(可依据您的时间单位填写)_____

二、关于粉丝接触文化产品与消费

1.偏好:目前都喜欢哪些类型的作品,喜欢多久了?

2.接触:何时开始接触这些作品/明星? 从何渠道、为何接触,当时接触了什么内容?

3.感兴趣:感兴趣或沉迷的原因? 哪里吸引了你?

4.深入与学习、了解

(1)开始喜欢之后都做了什么,从什么渠道去了解这个作品的更多信息? 都会关注哪些信息? (是否主动进入圈子去认识一些同好者? 都是怎么关注和认识的?)

(2)对于喜欢的作品,都是怎么样去找同人来看的? 主要在哪些平台,看哪些人创作的作品? 会和作者交流作品观后感,或者对作者的创作提出建议吗?

(3)会购买、打赏他们创作的内容吗? 或者买相关的同人"谷子"?

5.关于同人消费

(1)什么时候开始了解同人领域的? 如何看待同人作品这种存在?

看同人作品多久了?

(2)约过稿吗? 是出于什么目的去约稿? 体验如何?

(3)参加过线下展会吗? 都参加过什么类型的? 是作为摊主还是观

众? 体验如何? 现场买过作品吗? 会因为某个作者而慕名前去

现场购买吗?

(4)感觉你所在圈子的同人创作氛围如何? 有没有遇到过争吵? 如

何看待同人圈里的一些争吵骂战,如掐 CP 之类的?

三、关于粉丝参与文本再生产与发布

1.关于文本再生产

(1)参与创作过同人作品吗? 主要是什么类型的创作,同人文、图、做

"谷子"? COS? 翻唱?

(2)最早创作同人是因为什么作品? 有何什么契机? 还记得当时是

为什么想创作的吗?

(3)都给哪些作品创作过同人? 现在创作的同人主要是针对哪部作

品? 什么样的内容/情景比较能够激发你的创作欲望? 能否举例

说明。

(4)创作的过程中一般会从哪些地方获取灵感? 在什么环境下写文

比较开心?

(5)创作完的内容会发到网上吗? 一般发哪些平台? 发这些平台的

原因?

(6)为了创作,有特地去学习、提升技能吗?

(7)作品发出后有没有收到反馈?

(8)之前喜欢的内容退坑、不想再创作的原因是?

(9)怎么看待当前官方和粉丝、粉丝作品之间的关系? 你所在圈子里
的作品生产状况是什么样子的?

2.关于参加线下 COMICUP 等同人展

(1)都参加过哪些线下同人展,自己做了同人制品参展吗?

(2)参展是自己单独去,还是和别人一起呢? 参展内容是什么?

(3)大概是多久前开始有参展意向的?

(4)最初规划想出来的内容是什么? 和最后出来的内容的一致吗?

(5)什么时候开始申请摊位,多久通过的?

(6)参展内容是什么时候定稿的?

(7)制品制作数量是怎么确定的? 事先做过印调吗?

(8)制品是从什么渠道定做,定做中遇到过什么问题吗?

(9)开展前做过宣摊吗?

(10)布展流程大概是怎样的? 这次参展在布展上有特别策划吗?

(11)参展当天是什么时候入场的?

(12)到你们摊位的观众大概有多少呢? 是现场临时逛展,还是事先
看了宣传特地来的? 和观众有交流吗,对方都是什么感想? 购买
本子的朋友们都是怎样反馈的?

(13)摊位大概摆了多久? 和临近的摊位有交流吗?

(14)在你看来,参加线下同人展和只在线上发布同人作品相比,有什

么不一样的地方？对参加同人展的过程体验如何？是否有开心

或不开心的地方？下次还会继续参加吗？

四、针对营销者

1.什么时候开始注意到同人作者、同人作品在产品推广方面的优势？

2.在产品的各个周期是如何与画师、COSER、唱见等人员联系与合作？

3.当前贵司的多款产品推出了一系列同人插画大赛、配音大赛、同人文大赛等活动,您是否了解这些活动参加的情况、反响以及对游戏运营的影响？能举几个您觉得做得比较好的活动吗？

4.对粉丝创作的作品将如何利用,会和创作者合作出周边或者把他们的作品纳入游戏体系内吗？

5.对国内同人营销的未来有什么看法？

后 记

　　有这样一群人，他们在日常生活中是学生、是打工人，在业余时间，他们摇身一变，成为创作者，出于对文化产品剧情和人物的热爱，不计时间、精力和金钱，反复雕琢、打磨一篇文章、一幅画作、一首歌曲、一个视频或者一个模型，持续提升自己的能力，只为创作出满意的作品。他们就是粉丝生产者。当他们阅读、观看并热爱上某一部文化作品、某位角色后，萌生了创作的动力，运用自己擅长的创作形式，为人物命运叹不平，借故事背景抒情感，为精彩剧情添声色，写小说、画插画、重编曲、剪视频、塑模型……这些行为往往是没有实际报酬的，更多的时候只是为了满足自己的兴趣或者和朋友交流的冲动而产生，可以说，这一切创作的动力都源于热爱。他们也将自己的行为笑称为"为爱发电"。

　　同样作为文化产品的爱好者，笔者在本书的研究中选择从"学者粉"的视角出发，融入这些粉丝中，聚焦他们为喜爱的文化产品、人物进行的文本再生产行为，将他们的文本消费、创作动因、创作和发布过程一一展现，跟着他们的步伐，探索五彩斑斓的文本世界，体验二次创作的乐趣。

　　本书能够完成，要特别感谢愿意参与访谈的粉丝生产者们，当得知我们要做这样的一个研究时,他们都不约而同地爽快答应了,并尽可能地为我们提供更多的信息和资料。在访谈中,笔者看到了这些粉丝生产者眼神中、言语中里熠熠发光的热情和期待——为喜爱的作品不分日夜开展创作所挥洒的热情,对自己笔下的世界被更多人看到和认可的期待。笔者为此深受打动。希望通过本书,能吸引更多的人关注、了解这个将热爱转化为力量的群体,感受他们对文化产业发展带来的无限可能性。

严明君

2024 年 1 月于厦门